中国之旅丛书

民族之旅

徐英 王宝琴◎编著

五洲传播出版社

图书在版编目（CIP）数据

民族之旅 / 徐英，王宝琴编著. -- 北京：五洲传播出版社，2024.4
（中国之旅）
ISBN 978-7-5085-5185-2

Ⅰ.①民… Ⅱ.①徐… ②王… Ⅲ.①中华民族－概况 Ⅳ.①K28

中国国家版本馆CIP数据核字(2024)第056500号

民族之旅

著　　者：徐　英　王宝琴
出 版 人：关　宏
责任编辑：刘　波
图片提供：东方IC　China Foto Press　香港《中国旅游》图片库
FOTOE　冯　涛
出版发行：五洲传播出版社
地　　址：北京市海淀区北三环中路31号生产力大楼B座6层
邮　　编：100088
发行电话：010-82005927　010-82007837
网　　址：http://www.cicc.org.cn　http://www.thatsbooks.com
印　　刷：北京市房山腾龙印刷厂
版　　次：2024年4月第1版第1次印刷
开　　本：787×1092mm　1/16
印　　张：8.25
字　　数：35千字
图 片 数：128幅
定　　价：79.00元

目 录

前言

中国是一个多民族的国家，各少数民族文化作为整个中华民族文化的重要组成部分，显示出生生不息的强大生命力和互动传播的灿烂光彩。今天，在中国960万平方公里的土地上，生活着包括汉族在内的56个民族。55个少数民族的人口数量虽然只占中国人口总数的8.41%，但是他们生活的地域十分辽阔，分布在中国国土总面积50%—60%的土地上，主要聚居在祖国边疆的高原、牧区和森林地带，在总体布局上呈现出大杂居、小聚居的特点。

在中国少数民族生活的区域内，人文荟萃，民俗多元，景色迷人，气象万千。这些区域有辽阔的高原牧场、雄伟的森林群山、密布的河流湖泊，景观壮丽、物产丰富。正是这些丰厚的资源，才使得中国少数民族同胞同汉族一起，创造了底蕴深厚的中华文明，并在这个过程中，逐渐形成了中国各少数民族独具特色的多元文化景观。

在今天中国大地上生活的少数民族中，有53个民族保持着本民族的语言，有21个民族使用着本民族的文字，几乎每个民族都有自己的宗教信仰和丰富的节日文化。本书所选取的21个民族，代表了中国东南西北不同地区、不同文化类型的少数民族。其中有青藏地区雪域高原上顽强生活的藏、羌、土族；有北国边疆辽阔牧场上狩猎驰骋的达斡尔、鄂温克、赫哲、蒙古族；有南方水乡辛勤劳作的傣、侗、哈尼、苗族；有西北沙漠绿洲上不倦耕耘的维吾尔、哈萨克、回等民族。他们绚丽多彩的服饰、风味各异的饮食、独具特色的礼仪、名目繁多的年节，还有林林总总的婚丧嫁娶习俗、卷帙浩繁的历史宗教典籍，代表了中国少数民族物质文化和精神文化的精华。这种多元一体、和而不同的多民族文化，正是中国这个多民族国家和谐发展、赖以生存的重要基础，也是中华民族可持续发展、繁荣富强、生机勃勃的突出特色和根本原因。

当你随着我们的描述和一幅幅精美图片进入中华民族的大家庭，你会感受到真实的民族生活是那样地可亲、可爱；浓郁的民族风情是那样地生动、迷人；多彩的民族文化是那样地古老、神秘。不论你来自何方，当你走在中国这块神奇的土地上，一定会为五彩缤纷、悠久灿烂的中国少数民族文化所吸引、陶醉。请循着远方的呼唤，同我们携手一起踏上民族之旅吧！

吉祥草原上的马背民族：蒙古族

◎ 草原骄子的游牧生活

◎ “那达慕”上的“男儿三艺”

◎ 苍穹之音，长调悠扬

“蒙古”最初只是中国北方游牧民族众多部落中的一个，13世纪初，以成吉思汗为首的蒙古部落统一了蒙古高原，逐渐形成了一个新的民族共同体——蒙古族。今天，中国的蒙古族主要聚居在内蒙古自治区和新疆、青海、甘肃、黑龙江、吉林、辽宁等省区的蒙古族自治州、县，人口约581万。

古老的蒙古高原东部与白山黑水相邻，西与天山山

在辽阔的草原上，成群的牛羊就像天边涌动的白云。

脉、塔里木盆地相接，北与西伯利亚大草原连成一片，南以阴山山脉为界。从地理气候来看，蒙古高原基本上属于干旱草原，地理位置偏北，地处高寒，干燥少水，孟秋即雪，不宜种植。但是这片辽阔的草原却是发展畜牧业的理想之地。蒙古族历史上长期过着“逐水草而居”的游牧生活，牧民们住在易于装拆和搬运的“蒙古包”里，一家大小随牲畜迁徙。中国的大部分草原都留下了蒙古族牧民的足迹，因此他们被誉为“草原骄子”。如今，绝大多数牧民已经结束了传统的游牧生活，但是草原风光和民族风情仍然吸引着无数观光客的到来。

每年的七八月间，草原上会举行“那达慕”大会，它是蒙古族历史悠久的传统体育活动。“那达慕”在蒙语中是娱乐、游戏的意思，源于摔跤、射箭、赛马三项竞技，现已成为草原上欢庆丰收、进行物资交流和举行民间体育活动的集会。传统的“那达慕”上，摔跤、射箭、赛马被称为展示蒙古族男子汉气概的“男儿三艺”。

摔跤是蒙古族民间流传最广，也是蒙古族人最喜好的一

蒙古族勒勒车，是为适应草原自然环境和蒙古族游牧生活而制造的交通工具，被称为“草原之舟”。

呼伦贝尔草原上洁白的蒙古包。易拆装、耐风寒的蒙古包，是最适合游牧民族的居所。（上图）

蒙古包内部做工精美、色彩鲜艳。（下图）

种体育竞技。成吉思汗被选为蒙古大汗后，把摔跤定为考核将士的重要科目，民间也将摔跤列为节日的第一项比赛。蒙古式摔跤不分体重等级，只要一方使对方膝盖以上的任何三点着地就算获胜。优胜者可以得到光荣称号，比如接连两年击败所有对手的就被称为“巨人”，以下则按名次分别称为“雄狮”“大象”和“雄鹰”等。在古代，大草原上常以“摔跤”来选拔英雄，蒙古贵族也曾用这种形式来挑选女婿，因为在蒙古族人的心中，摔跤不仅是力量和勇气的展现，也是智慧的较量。

蒙古族摔跤手身材魁梧，服饰独具特色。

　　每当举行“那达慕”时，各地摔跤选手不远千里云集到草原上。谁要是夺得冠军，谁就格外受到人们的尊敬和姑娘们的爱慕。摔跤采用一次淘汰制，勇士们脚蹬高筒马靴，身穿“昭得格”（一种钉满银钉、用牛皮制成的紧身背心）和宽大的绸缎摔跤裤，脖子上戴着红、黄、蓝三色绸布条做成的项圈，在赞歌声中仿古代骑士跨着大步绕场一周，神情骄傲自信，然后跳着鹰步舞，唱着雄浑高亢的出征歌上场，使出浑身解数，捉对较技，场面热烈壮观、精彩纷呈。凡获胜的摔跤手都能够获得奖品，例如一只绵羊、几块砖茶，甚至一匹金鞍马。

赛马也是那达慕大会的一个重要项目，最吸引游人关注。蒙古族向来被称为“马背上的民族”，马是蒙古族游牧生活中不可或缺的重要支撑，行军打仗、狩猎游牧、商贸食品都离不开马。蒙古族人从小就开始练习马术，精湛的驭马之术是每个蒙古族男子的生存之本。在这样的生产生活基础上产生了赛马活动。骑手们一字排开，扎着彩色腰带，头缠彩巾，十分英俊。通过扣人心弦的赛马比赛，不仅可以炫耀自己的骏马良骥，也能充分展示草原骄子出众的骑技。赛马分为赛跑马和赛走马，成年人只参加马术高超的走马赛，要求马步稳、走势好、速度快。赛跑马者通常是少年骑手，可多达数百人，先达

蒙古族自古以高超的射箭技艺著称。图为蒙古男儿在射箭比赛中一展身手。

骑骆驼赶路的蒙古族人

终点者赢取奖品，并成为草原上最受人赞誉的健儿。

蒙古族人自古崇尚弓箭，这是古代蒙古族军事作战、猎捕野兽的重要工具。喜好骑射的蒙古族把它视为男子汉的象征和标志，射箭比赛也成为那达慕大会上必不可缺的项目。射箭分静射和骑射两种：静射所使用的弓箭式样、重量、长

度、拉力都不限，距离也不等；骑射要求跑马射箭。比赛时，只见一个个骁勇善战的勇士身着窄袖紧身袍，飞骑张弓搭箭，数箭齐发。技艺高超的骑手可百发百中，令人眼界大开，赢得阵阵喝彩。

蒙古民族在悠久的历史长河中，创造了“长调”这一具有游牧文化特征的独特演唱形式。长调一般为上、下各两句歌词，演唱者根据生活积累和对自然的感悟来自由发挥，演唱的节律各不相同。绝大多数长调歌词内容是描写草原、骏马、骆驼、牛羊、蓝天、白云、江河、湖泊的。长调字少腔长、高亢悠远、舒缓自由，宜于叙事又长于抒情，加上马头琴伴奏，更具草原文化的韵味。长调中还有一种令人称奇的“呼麦”唱法，它的神奇之处就在于能同时唱出一高一低的两个声部，形成罕见的多声部形态。这种如天籁般的歌唱艺术堪称“蒙古族民间音乐活化石”。

千百年来，草原上的人们用长调歌唱生活、赞美自然、抒发胸怀、祈祝未来。当悠扬的马头琴声伴着几近失传的“呼麦”响起，那具有穿透力、让人震撼的共鸣，那优美舒缓的旋律和雄浑壮阔的格调共同构成深邃隽永的意境。

渔歌响彻乌苏里江：赫哲族

◎ 四季捕鱼忙
◎ 鱼皮衣裳桦皮船
◎ 欢快的“狗爬犁”

在中国东北地区的黑龙江、松花江和乌苏里江的下游沿岸，生活着一个古老的渔猎民族——赫哲族。“赫哲”的意思是“东方的人们”，也含有“沿江居住之人”的意思。今天的赫哲人主要聚居在黑龙江省的敖其、街津口、四排、八岔四个民族乡，约4000多人。

赫哲人生活在中国大陆的最东端，那里山高林密、河汊纵横，为赫哲人久已习惯的渔猎生活提供了便利的自然条件。民间谚语所说的“棒打狍子瓢舀鱼，野鸡飞到饭锅里”，就是

沿江而居的赫哲人现在仍以渔业为主，冰锁乌苏里江的时候，是赫哲人下铃铛网捕冷水鱼最好的季节。

赫哲人个个都是捕鱼的好手

对赫哲人浪漫而又真实的生活环境的生动描绘。沿江而居的赫哲人在渔业生产中积累了丰富的捕鱼经验，练就了高超的捕鱼技术。赫哲人捕鱼的主要工具是叉、钩、网三种。更令人叫绝的是，赫哲人还创造了冰封江面时的干钩钓鱼法。这是一种在江面上凿冰捕鱼的方法，赫哲族的男女老幼都十分喜爱并精于此道。春天，赫哲人捕捞各种杂鱼；夏天，他们修理渔网、整理渔具；秋天，那可是赫哲人收获的季节，他们尽情地捕捞大马哈鱼、鲟鱼和鳇鱼；到了冬天，他们则凿冰眼、拉大网捕鱼……赫哲人的生活离不开鱼。早年的时候，他们以吃大马哈鱼的次数来计算自己的岁数，吃过几次大马哈鱼就是几岁。连孩子们的游戏也离不开鱼，他们常常玩一种“叉草球”的传统

游戏，就是模仿渔业生产中叉鱼的样子追逐嬉戏。

赫哲人将捕鱼旺季吃不了的鱼晒干，贮存起来以备淡季食用。

赫哲人烹制鲜鱼的技术异常娴熟，炒鱼片、烧“鱼毛”，都是赫哲族人传统的食鱼习俗。赫哲族渔民们为了考验初次到来的客人是不是真正的朋友，就会拔刀从活蹦乱跳的活鱼身上割下一块肉，用刀尖儿挑起递给他。客人如果从刀尖儿上咬下鱼片吃掉，那就会成为赫哲人的朋友，得到热情的款待；否则别想进赫哲人的家门。为了表示尊敬，赫哲人常以“刹生鱼”招待亲友和客人。“刹生鱼”，是先将肉从鱼骨上剔下两整块，切成相互连接的鱼条，再将鱼肉从鱼皮上片下，

切成鱼丝，然后拌上用开水烫过的土豆丝、绿豆芽、韭菜，佐以辣椒油、醋、盐等，吃起来清香鲜嫩。这种生食鱼肉的习俗，在其他许多食鱼的民族中都不同程度地保存着。

历史上赫哲族穿的衣服也多半是用鱼皮和各种兽皮制成的。制作鱼皮衣服不是一件容易的事儿，要先将鱼皮剥下、晒干，然后用特制的熟皮工具反复捶打、揉搓，直至鱼皮柔软，再用各色野花将鱼皮染成彩色。赫哲族的鱼皮服饰不仅以鱼皮为面料，就连缝制鱼皮衣服的线也用鱼皮线。鱼皮衣服具有抗寒、耐磨、防水、美观等特性，这种赫哲人的传统服饰现在已经成为了旅游开发中的特色工艺品。

赫哲人的生活离不开水和鱼，也同样离不开船。船既是他们的生产工具，又是他们的交通工具。赫哲人的船别具特色，都是他们自己制作的桦树皮船，有快船和载重船两种。快船船体轻，如需改换河道，一人即可扛起，徒步走到另一条河里放下来继续划行，使用起来非常方便。这种桦树皮快船和独木舟一样，不能载重物，只能容纳一二人，但是速度快、叉鱼准。载重船是17世纪盛行于赫哲人中的船只，载重量大，

赫哲人用特制的木锯加工鱼皮

当年曾伴随着赫哲人的渔歌欢快地行驶在三江流域的内河航道上。这种船用松木做船架，以桦皮做船面，划行时体轻、速度快，远道航行时，由15人划桨，是赫哲族人载重运输的最好工具。

赫哲人生活的东北地区，冬季时间长、多冰雪，“狗爬犁”，即狗拉雪橇，是最适合的陆路交通运输工具。赫哲人使用的狗爬犁有大小两种：载物用的狗爬犁大些，打猎用的狗爬犁小些，但基本构造相同。狗爬犁少则套两条狗，多则可套七八条狗，也有套十几条狗的。狗爬犁既可在雪原上畅行，也可在冰天雪地的江面上奔跑。不过，在林海雪原中奔跑时要给狗穿上特制的“靴子”，以免狗的脚掌磨坏。一条狗可拉上七八十斤，这样算下来十多条狗就可拉上千斤的货物。狗爬犁行走如飞，一天能行一二百公里，是赫哲人冬季最喜欢用的陆地交通工具。如今它更成为冰雪旅游的新宠，吸引着众多国内外游客。

勤劳朴实的赫哲人热爱音乐，不论男女老少都可一展歌喉，用古代的赫哲人流传下来的乐器“空康吉”（口弦琴）演奏，更是悠扬嘹亮、韵味独特。无论在轻快的桦树皮船上还是飞驰的狗爬犁上，婉转动人的歌声传达着赫哲人对远古岁月的追思和对未来生活的憧憬。

身穿传统鱼皮服饰的赫哲族女子

千年一击：达斡尔族

◎ 曲棍球之乡
◎ 通向神灵的"萨满"

在中国东北富饶美丽的嫩江两岸，生活着一个以农业为主、兼事畜牧和渔猎的民族——达斡尔族。今天的达斡尔族主要居住在内蒙古自治区的莫力达瓦达斡尔族自治旗、呼伦贝尔鄂温克族自治旗，黑龙江省的齐齐哈尔市和新疆维吾尔自治区的塔城等地，现有人口13万多。

据有关文献记载及专家研究考证，达斡尔族与古代生活在中国北方地区的契丹族有着一定的渊源。达斡尔人是否就是古契丹后裔，这个难解的谜题给达斡尔族蒙上了一层古老而又神秘的面纱。而让世人真正了解这个民族的是——曲棍球。作为一个民族突出的体育竞技项目，曲棍球毫无疑问是达斡尔族人的骄傲。

曲棍球之乡的达斡尔民居

达斡尔族农民正在盛装黄豆准备出售

达斡尔人的曲棍球运动有着相当长的历史。中国古代类似曲棍球的活动，唐代(618—907)叫“步打球”，到了宋（960—1279）辽（917—1125）之际，北方的游牧民族契丹人广泛开展起步打球运动，与现代的曲棍球更为形似。随着历史的变迁，此项运动后来在其他各民族中逐渐消失，唯有在嫩江流域的达斡尔族中保留下来，在民间广为流传。这一古老的传统体育活动被达斡尔人称为“贝阔”。

每当春播歇晌，当地的达斡尔人就地取材，用木棍将一个马粪蛋当作曲棍球拨来拨去。每逢重大节日，民间的“贝阔”比赛更是热火朝天，各个达斡尔族的“莫昆”（部落），都要选派高手进行比赛。达斡尔人在夜间进行火球比赛别具一格。开赛时，将球点燃，棍击火球。随着双方的激烈拼搏，火球在黑夜中往返穿梭，织成一道道绚丽的火线，别具情趣。近年来，随着中国曲棍球运动的逐渐开展，素有“曲棍球之乡”美誉的莫力达瓦达斡尔族自治旗已为国家输送了很多优秀的曲棍球人才。

曲棍球也与达斡尔人的日常生活密切相关。过去姑娘们出嫁时要带上一根精美的球棍，以示对心上人的赞美和期望。达斡尔族语言中的一些生动比喻也与曲棍球有关。如：“帽子怎么能像曲棍球一样到处乱扔？”对于不成材的木料和不求上进的人，达斡尔人常比喻说：“真是块歪木，只配做曲棍球棍。”如果要挖苦无能者，也常说：“连曲棍球都不会，别的还能干什么？”

除了与曲棍球结下不解之缘外，达斡尔人的生活也深受萨满教的影响。“萨满”一词是女真语借词，意思是“疯狂而意醉神迷的人”。原始萨满教主要特征之一是自然崇拜。凡是自然界存在的雷、电、河、木、火、石、鹿、鹰、鸟等都是达斡尔人崇拜的对象。他们敬畏大自然神奇的创造力，因此认定

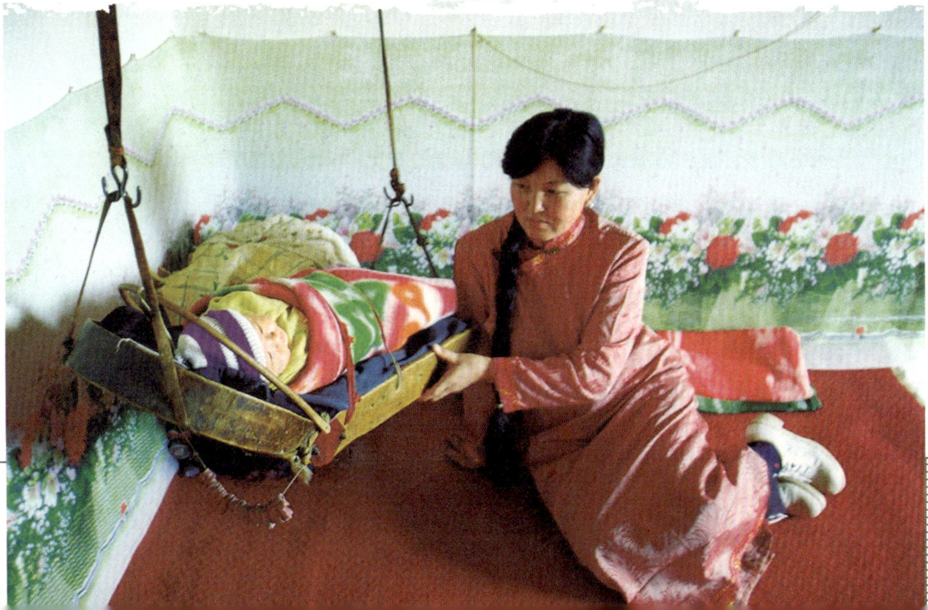

达斡尔族妇女在炕上照料孩子，摇篮是达斡尔人的传统育婴工具，要斜着挂在房梁上。

达斡尔族人的角力游戏十分有趣

万物有灵，需要人间特定的人物，充当人与神灵之间的媒介，以便协调人与神之间的关系。这个任务便落到了神所依附的人——“萨满”的身上。他们能够引导神灵下凡，帮助生病的达斡尔人治病；能驱逐魔鬼，并且能堵死魔鬼返还之路。这是达斡尔人尊重萨满的主要原因。

达斡尔族长期生活在中国的北方，由于交通不便，与外族交往甚少，这使萨满教的原始形态在达斡尔人中得以长期保存。达斡尔人的庆典、祭祀、治病等大小活动都要请萨满，萨满成为这个民族文化生活中的核心人物。每次萨满作法时都要穿上华丽精美的法衣、佩戴法具，据说是起着护身和施法的作用，上面的图案造型是各种生物和物体的象征符号。萨满法衣

萨满舞

配有各种青铜镜近百个，全套服饰重达75公斤。萨满跳神时，手持萨满鼓和神槌，转圈而舞，直到气氛恐怖，令人惊异不安，达到神秘敬畏的效果。达斡尔人说，神鼓威力无穷，主要是用来驱逐恶魔，令其闻声而惧。达斡尔萨满作法，也是难得一见的震撼人心的场景。

最后的狩猎部落：鄂温克族

◎ 跟着驯鹿走

◎ 桦树皮上的风情

在中国东北部的大兴安岭山区，生长着茂密的原始森林。密林深处，生活着以狩猎和放养驯鹿为生的鄂温克人，他们是今天生活在中国的最后的狩猎民族了。鄂温克族现有3万多人，主要聚居在内蒙古自治区呼伦贝尔市的鄂温克族自治旗。

鄂温克，意为“住在大山林中的人们”，他们是300多年

驯鹿在古代是鄂温克猎民解决衣食住行问题的主要资源

鄂温克人对驯鹿有着深厚的感情

前从现俄罗斯境内迁徙过来的，并世代在大兴安岭以狩猎为生。因为生活中离不开驯鹿，他们也常被称为“使用驯鹿的鄂温克人”。

鄂温克人饲养驯鹿的历史有多久，谁也不知道，反正鄂温克老人说，自从有了鄂温克人，就有了驯鹿。鄂温克人把驯鹿叫“鄂伦”。驯鹿头顶生有大茸角，分枝很多，适合生活在寒冷地带，善于在沼泽或深雪中行走，以采食森林中的苔藓为生。苔藓是一种低等植物，主要生长在大兴安岭西麓阴冷潮湿的地方，一年四季都有，但生长非常缓慢。由于驯鹿的生活习性，加上森林生态的脆弱，以及鄂温克猎民又是集中而居、成群放养，这给驯鹿的觅食带来很大困难。

驯鹿善于在森林沼泽中行走，可以供猎民乘骑和驮物。

要解决这一问题，就必须靠频繁的迁徙。迁徙是鄂温克猎民生活中的一件大事，也是他们生活在大兴安岭中最壮丽的篇章。鄂温克人在夏天和秋天时，最多在一处住十天；冬天猎灰鼠时，更是两三天就搬一次家。一般男人先到达新地点把“撮罗子”的架子搭好，随后妇女用驯鹿把用具驮运到新地点。“撮罗子”，也称“仙人柱”，是鄂温克人特有的窝棚状的林中居所。通常3米多高，直径4米左右，用25至30根落叶松杆搭起呈伞形，夏天以桦树皮做盖，冬天用麋鹿皮围起来。迁徙前，猎民们先将驯鹿集中在一起，并将部分能够乘骑和驮物的驯鹿系上笼头，拴在附近树上，一般较老实的驯鹿用来驮人，较烈的驯鹿用来驮物。然后猎民们开始整理什物，主要是拆卸“撮罗子”上的覆盖物。迁徙前的最后一项工作，是猎民们要将猎民点的所有用火扑灭。猎民的生活中一刻也离不开火，一般要在“撮罗子”内外各设一个火堂，用来做饭和取暖，还要点几堆火为驯鹿熏烟赶蚊虫。但令人赞叹的是，鄂温克猎民出入的山林从未发生过火灾。

迁徙开始了，年轻妇女牵着驮物驯鹿走在队伍的前面，一

鄂温克猎人戴着鹿角装饰
的帽子，怀抱着饲养的狼。

大兴安岭密林深处的猎民居住在"撮罗子"里面，内设火塘，可以做饭和取暖。

户接一户，后面是骑在驯鹿上的老人，两侧是驱赶驯鹿的大人和孩子，猎民的几条狗也加入了迁徙队伍。人的吆喝声、狗的吠叫声、驯鹿的喘息声响成一片，整个大兴安岭都成了沸腾的海洋……这就是鄂温克人的生活。驯鹿离不开森林，也离不开鄂温克族猎民；同样，鄂温克族猎民离不开森林，也离不开驯鹿。这种人、驯鹿、自然界共生相依的特殊关系，已延续了数千年。

驯鹿文化，已经深深地融入鄂温克人生活的方方面面。就连青年男女的婚姻大事，也少不了驯鹿的参与。婚礼上，男方的父母和家族中的人都要陪新郎到女方家去，他们排成一定的队形，以走在队伍最前面、拿着神像的长者和走在队伍最后面、牵着驯鹿的人最为惹人注目。女方家人早早等候在林中，看到迎亲的队伍后，新娘首先要将一个刻有驯鹿头像、象征吉祥的桦皮盒送给新郎，接下来新郎、新娘要从新娘家的驯鹿中挑出两头最好的，各牵一只绕场三圈，最后大家才能来到新娘家吃喜酒。等到新郎领着新娘回自己家时，最重要的一件事情，就是别忘了带走新娘的驯鹿。

随着森林面积的逐渐缩小，现在人们对于驯鹿文化也在多方保护，比如尝试圈养，但是，驯鹿蹄掌早已适应了苔原、林间那略有弹性的地衣或厚厚的积雪，而不是平整的硬地。因此在广袤的原始森林中跟着驯鹿一直走下去，也许这才是真正的鄂温克人的生活。

鄂温克族是典型的森林民族，对白桦林有着深厚的感情。鄂温克人就地取材，用桦树皮来制作美观实用的桦树皮制品，同时也创造了“桦树皮文化”。棵棵白桦树、张张桦树皮，经过他们灵巧的双手就变成了各种各样的桦树皮器皿，如碗、盒、盆、水桶、篓、船等，用几何纹、花草纹和动物纹等巧加装饰，造型古朴典雅。

精美的桦树皮器皿

天山下的小花帽：维吾尔族

◎ 载歌载舞的《十二木卡姆》
◎ 绚丽多姿的服饰
◎ 丝绸之路上的无尽美食

“维吾尔”译成汉语是“团结”“联合”的意思，这很符合维吾尔族发展的历史。他们的祖先原本是在中国西北和中亚一带游牧的各个部落，后来形成了今天的维吾尔族，主要居住在中国的新疆维吾尔自治区天山以南的各个绿洲，人口约839万。

这个来自西域和中亚的民族带着所有游牧人的特点，是一个欢乐的民族，能歌善舞是他们的天性，不论男女老少，只要弹起“冬不拉”（一种民族乐器），就围成一圈，欢歌起舞。维吾尔族闻名遐迩的音乐史诗《十二木卡姆》（汉语意为《十二部大曲》）就是他们的歌舞艺术精华的集中体现。这套

《十二木卡姆》歌舞表演被联合国教科文组织评为〝人类口头和非物质遗产代表作〞。

新疆天山风光

大曲包括序歌、叙诵、演奏、舞蹈，演完整套大曲需要整整一天的时间。维吾尔人的拉弦乐器“萨它尔”，是演唱《十二木卡姆》的专用乐器。当萨它尔琴奏出那如泣如诉的旋律，当木卡姆艺人那略带沙哑的嗓音唱出苍劲、悲凉的曲调，当技艺高超的舞蹈者在乐曲的伴奏下进行“模拟舞”和“竞技舞”的表演，它转眼之间就能将我们带进苍凉的大漠深处。维吾尔族人都说：“《十二木卡姆》是一杯醉人的酒，又是一幅迷人的画。老人听了‘木卡姆’，衰老的身躯便会顿时焕发青春；垂危的人听了‘木卡姆’，灵魂将得到安息，死后化为天神。没有‘木卡姆’的婚礼不会热闹，离开‘木卡姆’整个大漠就会死气沉沉。”

吐鲁番葡萄沟，维吾尔族少女正在采摘葡萄。

“麦西来甫”是维吾尔族人日常生活中的一种以歌舞为主的娱乐活动，乐曲热情奔放，舞姿轻巧优美，带来欢歌笑语一片。

维吾尔人给世人留下深刻印象的，还有他们的传统服饰。男子多穿被称为“袷袢”的长袍，这种袍式外衣长度过膝，无领、无扣、宽袖，可系腰带以便紧身。腰带呈方形，又大又长，可用来存放食品及其他零星物件。平时系腰带不用怎么讲究，但重大庆典或节日期间要系颜色鲜艳的印花或刺绣腰带。内衣较短，多不开胸，衣料多为白色、黑色或深色条纹的，青年的内衣往往要缀上花边。夏季多穿着白色单袷袢，冬季穿黑色、灰色等色调较深的棉袷袢。维吾尔族女性多穿鲜艳飘逸的宽袖连衣裙，而她们最钟情的独特衣料就是著名的“艾德莱斯绸”。人们常说，在新疆，除了盛开的百花，艾德莱斯绸也许是沙漠背景中最为绚丽的色彩了。这种独特的丝绸料距今已经有2000年的历史，是将蚕丝采用古老的扎经染色法纯手工制成的，工序非常细致烦琐，图案结构细腻紧凑，具有鲜明的维吾尔族文化特色。

维吾尔族无论男女老少都爱戴一种绣工精致的四棱小花帽，维语叫作“朵帕”，这是识别维吾尔族人的重要标志。根据宗教礼节，维吾尔族男女都不能光头露顶。如果在室外，头顶不加任何遮盖，是对老天的一种亵渎行为。因此，绚丽多彩、精致美观的小花帽便成为维吾尔族人日常穿戴中不可或缺

市集上出售小花帽的维吾尔族老人

的重要头饰，也是馈赠亲友的工艺礼品。

维吾尔族的食品享誉国内外，几乎没有人不知道新疆烤羊肉串的。当地的维吾尔族人称它为“米特尔喀瓦普”，意思是“1米长的串烤肉”。见过这种正宗羊肉串的，就会发现它真是名副其实。穿羊肉串的扦子足有80厘米长，肉块儿也大，立在馕坑里烘烤，一次可以烤出十几串，味道鲜嫩可口，吃起来非常过瘾。而烤全羊是维吾尔族人招待贵宾的上等佳肴，色泽黄亮、皮脆肉嫩，令人垂涎三尺。

其实维吾尔人的日常三餐，主食均以面食为主，最常吃的有馕、抓饭、油塔子、烤包子等，肉食以牛、羊肉最多。维吾尔族的馕是用小麦面或玉米面做的一种大小厚薄不一的圆形

清晨的吐鲁番，刚从馕坑里面烤出的馕香气四溢

饼，在特制的烤馕坑内烤熟，色黄而香脆，可以贮存较长时间，是维吾尔人每日必备的食品。维吾尔人说："可以一日无菜，但绝不可以一日无馕。"传说当年唐僧取经，穿越沙漠戈壁时，正是馕帮助他走完充满艰辛的旅途。现在中国的许多城市都能买到新疆维吾尔族的烤馕。

抓饭是维吾尔族人的骄傲，维吾尔语称"颇罗"，是用大米、羊肉、羊油、清油、洋葱、胡萝卜等制成，味道鲜美，是维吾尔族最喜爱的饮食。吃饭时，铺上饭单，全家共席而坐。按照维吾尔族人的传统习惯，饭前后必须洗手，洗手不用脸盆，用一种维吾尔语叫作"阿布塔巴"的壶冲洗，下面用铜盆或木盆接水，洗手只冲三次水。洗后用毛巾擦干，不能

乱甩。如果来客，要请客人坐在上席。饭毕，由长者领做“都瓦”（一种燃灯诵经的宗教仪式），待主人收拾餐具后，客人才能离席，否则就是失礼。

此外，维吾尔族的特色食品还有各种拌面、炒面、手抓羊肉、“塔儿糖”等等。所以，当你徜徉在丝绸之路上，尽情领略多姿多彩的维吾尔族民俗风情时，千万不要忘记亲自品尝维吾尔族的无尽美食。

乌鲁木齐国际大巴扎上出售的特色美食——米肠子、面肺子

抓饭是维吾尔族逢年过节、婚嫁喜庆的日子里，招待亲朋贵客的主要食品

彩虹民族唱花儿：土族

◎ 热贡艺术遍土乡
◎ 土族服饰现彩虹
◎ 轻歌曼舞花儿令

土族人主要聚居在青海省东部的互助土族自治县以及民和、大通两县，其余散居在同仁、乐都、门源等地。现有 24 万多人。

土族人聚居的地区，地处青藏高原东北部，四周有茂密的森林、广袤的牧场，河川交错，气候温暖，遍布良田园林，盛产蔬菜瓜果。正是这样美丽的自然环境，使得土族人民的心灵得到了自然美的熏陶，其文化艺术之花久开不败。

在土族人聚居地区，有一些土族民间艺人是专门从事绘画、泥塑、木雕的僧俗工匠。他们专门绘制挂轴佛像和以佛经典故为内容的壁画，也擅长门楣、横梁、柱头等建筑装饰艺术。土族人称从事这种行业的人为“热贡拉索”，因此，世人也将这种土族特色浓郁的民间艺术称为“热贡艺术”。青藏高原上许多寺院庙宇里都能见到热贡艺术的杰作。他们的绘画属工笔重

热贡艺术——木雕佛像

青海省海东地区互助土族自治县的土族民居、麦田和油菜花田。

彩一派，具有鲜明的藏传佛教艺术风格，包括他们的风俗画和图案画。在建筑装饰雕刻的传统技艺上，土族木匠是很有名的。土族地区寺院建筑的栋梁和门窗上，常绘有或雕刻有象征牛羊健壮、五谷丰登的图案。从土族地区寺院的泥塑佛像造型上，可以看出土族僧俗工匠把藏族和汉族宗教艺术融会一体的艺术表现手法。

土族的服饰最具民族特色，从衣着穿戴上便可一眼认出土族人，因此人们常说土族是“彩虹民族”，土族妇女的服饰尤为鲜艳。她们通常身穿斜襟上衣，两条袖子是用红、黄、绿、紫、蓝五色彩布缝制成的，远看如同两道美丽的彩虹。腰系宽而长的彩带，带子两头绣有花、鸟、蜂、蝶、彩云等花纹图案。外套黑色或紫色坎肩，下穿裙子和长裤。少女和年轻妇女多穿红色和彩色裙，中年多穿蓝色裙，老年穿棕色裙，前后开口。裤子用两种颜色的布做成，以膝盖为界，下半截的颜色是区别是否已婚的重要标志。未婚少女多是红色，已婚者多用蓝色。

土族刺绣种类繁多，随处可见。土族妇女喜欢在衣领、衣袖上绣各种美丽的花纹图案。土族男子的服装胸前镶一块刺绣图案，或是“太极图”，或是“五瓣梅”。有一种叫作“富贵

土族妇女世世代代传承着传统刺绣艺术

不断头”的四方连续图案，常绣在腰带和衣领上。枕头、围肚、线搭、烟袋、荷包、针扎甚至袜跟上，都可见土族特有的刺绣。如果谁家的女孩子会做鞋袜会绣花，土族人就会夸她是个聪明、有出息的好姑娘，将来一定是个好媳妇，反之就被人嫌弃，还幽默地叫她“女木匠”，因为木匠都是男人干的活儿，女孩子上手是比较笨拙的。

土族的民间艺术特色鲜明，民歌颇具特色。土族“家曲”“野曲”曲调很多，像“家曲”中的赞歌、问答歌、婚礼歌，包括民间说唱的叙事诗等，都各有一定的曲调，一般是上下两个乐句。赞歌的曲调风格较柔和优美、奔放悠扬，而问答歌的曲调则表现出干脆、明快的乐风，句末大都有休止符。“野曲”即“花儿”的调令，在土族地区流行有十多种，如《好花儿令》《尕连手令》《梁梁儿上浪来》《杨柳姐》《红花姐》。土族的“花儿”与流行于甘、青、宁地区各民族的“花儿”有共同之处，曲调都是高亢嘹亮，节奏自由奔放，但土族“花儿”的旋律进程起伏较大，音域较宽广。

土族民间驱魔逐邪的祭祀活动——跳於菟

无论哪一种曲调，土族的“花儿”一般只有两个、两个半或三个完整的乐句。其中两个乐句是唱实词部分的，余下则唱衬词部分。每唱一首“花儿”，曲调须反复两遍，结尾音拖长而下滑。如果去土族地区旅游，一定不要错过这具有浓厚乡土气息的“花儿”。

最爱骏马与雄鹰：哈萨克族

◎ 高山草原驯猎鹰

◎ “阿肯”弹起冬不拉

◎ 火辣辣的“姑娘追”

骑在飞驰的骏马上，带着猎犬，胳膊上架着鹰，这就是哈萨克人的典型形象。他们生活在中国的西北部，主要聚居在中国新疆的伊犁哈萨克自治州、木垒哈萨克自治县和巴里坤哈萨克自治县，其余则分布在甘肃、青海等省的部分地区。现有人口125万。

猎人与鹰

哈萨克人的聚居地四周由天山、阿尔泰山和塔尔巴哈合山等山脉环绕，中间是准噶尔盆地和伊犁盆地，伊犁河、特克斯河、额尔齐斯河、额敏河和乌伦古河等纵横交错，高原湖泊点缀其间。盆地周围的群山，是良好的夏牧场；河流两岸和山谷丘陵，是适宜的冬牧场。所以绝大多数哈萨克人世代从事游牧，少数人也兼事农耕。由于生活在草原山林，哈萨克人个个都是捕捉猎物的能手。他们捕猎不用现代化的武器，而是用传统的猎鹰。因此驯鹰成为哈萨克人的绝活儿。

鹰是一种凶猛而灵敏的动物，是充满传奇色彩的鸟。千百年来，鹰一直被人们视作勇敢、威武的象征。要想捉住并驯服它，必须得有一套适用的方法。哈萨克族猎手都有一套独特而有趣的驯化方法，使鹰成为猎人的最好帮手。

牧民们先用网、夹子、套子等工具捉住大鹰，或是在高山中掏来小鹰，之后通过反复的洗胃和洗澡，去掉鹰的胃里和身上的野味。紧接着要经过半个月左右的“熬鹰”使鹰渐渐被

哈萨克人的牧场

哈萨克牧民转场，先是拆卸毡房，然后收拾日用品，用骆驼将它们运到新的地点。

驯化。下一步开始喂食。驯鹰喂食也很有讲究，每次喂肉都要用清水洗干净，把肉切成条，攥在带着皮手套的手里，露出一点点让饥饿的老鹰飞来啄食，并一次次加长老鹰与手臂的距离。为了让鹰能感受到主人的气味，驯鹰人还经常给鹰喂自己的唾液。不过这些驯化活动都是在室内，更重要的是在室外的训练。在室外驯鹰时，先在小范围内训练它捕捉猎物，等熟练之后，让它逐步扩大活动范围。哈萨克族的驯鹰方法十分严格，又符合科学道理，所以他们的成功率很高。

在正式放鹰捕猎时，喂食适量才能使鹰保持旺盛的战斗力。“饱鹰不捕猎”是哈萨克人根据多年的打猎所总结出来的经验。还有就是不见猎物，不能揭眼罩，更不可解开脚绊，这就是“不见兔子不撒鹰”的道理。

哈萨克族牧民多在冬季出猎，用鹰捕捉黄羊、野兔、狐狸等猎物，每次出征总是满载而归。猎鹰的体形虽然不

弹奏民族乐器"冬不拉"
的哈萨克族男子

热情的哈萨克人在家里款待客人，都要烧茶和准备特色食品。

是最大的，但战斗力绝对首屈一指。在蒙古人征服中亚时就有“一匹好马也难换一只好鹰”的说法；据说过去一只鹰的价值比一个姑娘的嫁妆还要高。

哈萨克人骑在骏马上携鹰狩猎，那是何等的英武潇洒，但是平日里，哈萨克人又是欢快幽默的牧人。在哈萨克民间，流传着许多古老的歌谣、故事、格言、谚语。而最擅长表演的就是哈萨克的“阿肯”，这是哈萨克人对自己本民族游吟诗人的尊称，他们是民间文化的传播者和演唱者。他们与民间诗人或普通的民歌手有所不同，他们既能即兴作诗，又能自弹自唱，兼有诗人和歌手的艺术才能。哈萨克族的许多历史文化遗产主要是靠那些能弹能唱的“阿肯”们保存、传播和发展的。在哈萨克人的聚会上，伴随着民族乐器“冬不拉”的“阿肯弹唱”可演绎出多种优美长篇诗歌和民歌乐章。

伊犁草原上火辣辣的“姑娘追”

哈萨克的男子英武潇洒，姑娘们也不甘落后，民间娱乐活动“姑娘追”，就是哈萨克人最喜欢的一种马上娱乐活动。多少年以来，它一直是哈萨克姑娘们摆脱包办婚姻、追求自由恋爱的一种方式。

“姑娘追”一般在节庆日举行。开始前，不同氏族部落的人要讨论和挑选男女青年作为出场的人选。每对男女青年都骑上最好的马，但有个条件，女方的坐骑要优于男方。二人并辔走向人们事先规定的地方。在路上，小伙子可以向姑娘说各种俏皮话，甚至吻她。按照习俗，怎样戏闹都不算过，姑娘也不能生气。到达指定地点后，男青年要非常机敏地拍马往回迅跑，姑娘纵马猛追。如果追不上，就算小伙子获胜。如果追上了，姑娘便在小伙子头上挥舞马鞭，甚至可以抽打他，来惩罚他刚才过火的表现，而小伙子不得还手。如果是姑娘喜爱的人，那么鞭子只在他的头上虚晃，或轻轻打在背上。别具一格的“姑娘追”，使许多男女青年萌生了爱情，结为终身伴侣。

虔诚的穆斯林：回族

◎ 走进伊斯兰文化

◎ 回族建筑独具特色

回族现在人口约有981万，是中国少数民族中人口较多的民族之一，头戴白帽或盖头的“回回”几乎遍布中国的每一个地方。他们的勤勉劳作、恪守自己的宗教信仰，都给人留下了深刻的印象。回族主要聚居在宁夏回族自治区，另外在甘肃省、新疆维吾尔自治区、青海省、河北省、河南省、云南省、山东省及京津地区也有不少回族聚居区。

虔诚的穆斯林向真主祷告

教民在清真寺内做礼拜

伊斯兰教在回族的形成和发展中起着至关重要的作用，回族信仰伊斯兰教的逊尼派。虔诚的回族穆斯林，必须经常念诵“清真言”，面向圣地麦加的方向一天做五次礼拜；每个礼拜五还要到清真寺参加聚礼；一年封斋一个月；有条件的，一生至少要去麦加朝觐一次。此外还要进行其他一些宗教活动。圣纪、开斋节、古尔邦节是回族穆斯林的三大节日。

回族穆斯林每年都要封斋一个月。斋月的开始与结束，均以见新月为准。封斋期间，穆斯林在日出之前都要吃饱喝足；日出后至太阳西下，不准进食、喝水。斋月里，要求穆斯林克制一切私欲。小孩、老弱、病人和孕妇可以不守斋。封斋期满（伊斯兰教历九月的最后一天，见新月的次日）就是

回族人至今仍保有虔
诚的伊斯兰教信仰

开斋节。这天清晨，穆斯林都要沐浴更衣，男人们聚集在清真寺举行礼拜，然后开始节日活动。古尔邦节是伊斯兰教的重大节日，于伊斯兰教历每年十二月十日举行。“古尔邦”含有牺牲、献身之意，古尔邦节又称“宰牲节”，是具有宰牲献祭特色的节日。节前，穆斯林们家家户户打扫得干干净净，凡有能力的人家，都要宰杀牛羊。古尔邦节这一天清晨的礼拜，所有的成年男人都应去当地的清真寺参加，听阿訇朗读、讲解《古兰经》，场面蔚为壮观。大聚礼之后，有的地方各家各户还要到墓地去祈祷，怀念并祝福死去的亲人。

西北地区最大的伊斯兰清真寺庙——青海西宁东关清真大寺

穆斯林忌食猪、狗、马、骡肉，不吃未诵真主之名宰杀

的或自死的畜禽，不吃动物的血等；忌讳在人前袒胸露臂。

回族的宗教文化在建筑上体现得尤为突出，清真寺就是很典型的例子。“清真”，原是纯洁质朴的意思，中国的回族又赋予“清真”以新的含义。他们认为“清”是指真主清净无染，不拘方位，无所始终；“真”，是指永恒常存，无所比拟。回族的清真寺职能用途较广，它既是回族穆斯林进行宗教活动、举办宗教教育、传播宗教常识、培养宗教职业者的讲坛和经堂，还是回族群众的政治中心。从建筑风格看，回族的清真寺分为两类：一类是圆柱拱顶的阿拉伯式建筑；另一类是飞檐斗拱的中国式建筑。回族的清真寺干净卫生、古朴典雅，寺院墙壁上绘有各种花卉，还有《古兰经》浮雕、阿拉伯文匾额等，肃穆庄严。

回族民居，式样大体与当地汉民或人口占多数的少数民族相同。在西北农村，回族大都住平房、窑洞、砖瓦房。房屋一般向南，阳光充足。在宁夏南部山区的回民，喜欢在平房上面加盖一间房子，俗称“高房子”，供人做礼拜用，以防小孩及其他人打扰。不少回民家庭的门楣上，贴有用阿拉伯文书写的横联，内容多为赞颂“安拉”之词，成为明显标志。回民承袭先民的习俗，喜用熏香，因而中堂正中备有香炉，两边有经匣，陈放阿拉伯文的《古兰经》卷，以履行宗教功课。香炉焚

回族民居

香，一是为在家中履行宗教功课之用；二是避邪气，保持家中清爽舒适的空气，以达“洁净”。到了穆斯林人家，一定会深刻感悟到他们的虔诚。

回族人家在品尝传统食品馓子，欢度古尔邦节。

英雄史诗孕育的民族：柯尔克孜族

◎“中国的荷马史诗”——《玛纳斯》
◎ 技艺精湛的“突西图克”
◎ 百变骆驼皮

柯尔克孜族现有16万人，被人们称作“高山上的居民”。他们居住的地方群山环绕，主要聚居在新疆维吾尔自治区西南部的克孜勒苏柯尔克孜自治州以及北部的特克斯、昭苏、额敏等县，这里是帕米尔高原和天山山脉的腹地，由融雪汇集的克孜勒苏河、盖孜河、廓克沙尔河自西向东流经境内。高山周围与河流两岸是一片片丰美的草原，适宜畜牧业生产。

放牧的柯尔克孜族少年

牧民们在演唱英雄史诗《玛纳斯》

部分河谷盆地，还可以灌溉垦殖。柯尔克孜族就是在这块土地上，世代过着以游牧为主兼事农耕的经济生活。也正是这样的山川河流孕育了柯尔克孜族著名的民间史诗《玛纳斯》。

《玛纳斯》是一部规模宏伟、色彩瑰丽的英雄史诗。它不仅是一部艺术珍品，而且是一部全面研究柯尔克孜族古代社会，包括历史、地理、生活习俗、宗教信仰、社会经济、家庭婚姻、音乐艺术、语言文学等内容的一部大百科全书。史诗共分八部，描述了八代英雄为统一分散的柯尔克孜族人民，团结其他民族和部落，争取各民族人民的美好幸福生活而前仆后继、英勇奋战的英雄业绩。

史诗叙事结构完整，各部独立成篇，能独立演唱。但各

新疆柯尔克孜族姑娘们正在绣壁挂

部之间人物、情节联系紧密，构成了一部完整的史诗。整个史诗共20多万行，原来没有任何文字记载，而是依靠无数柯尔克孜族的民间歌手“玛纳斯奇”代代传唱下来的。史诗现已被译为俄、英、德、法等多种文字，被誉为“中国的荷马史诗”。《玛纳斯》与藏族的《格萨尔王传》、蒙古族的《江格尔》并称中国的三大英雄史诗。

柯尔克孜族不仅拥有英雄史诗，他们创造的民族工艺

身着节日盛装的柯尔克孜族青年们

品，主要是帷幔、草编织品、骆驼皮制品等，也受到世人的赞誉。

柯尔克孜族称帷幔为“突西图克”，又译作“壁挂”。它是柯尔克孜族历史悠久的一种室内陈设，既有防尘隔潮、保护墙壁的作用，又可供欣赏、美化环境。帷幔一般都挂在毡房或室内墙壁中央最引人注目的位置，多为1.2米高，3米多长。多数是用黑平绒做边，紫红平绒做内芯，边芯相接之处吊坠穗。在边缘三面的黑边上，绣着各种具有强烈民族特色的装

柯尔克孜族孩子们在玩拔河游戏。

饰图案。这些图案结构严谨、色彩富丽，大多取材于变形的山峰、水波、云浪、花草、枝蔓等等。这同柯尔克孜人民长期从事畜牧业生产，生活在高山、草原有密切关系。这些精致而珍贵的民间工艺品，多是出自勤劳、聪慧的柯尔克孜族妇女灵巧的双手。

骆驼皮革制品，也是柯尔克孜族引以为豪的手工艺品，柯尔克孜牧民根据骆驼皮不同部位的特点，制成水桶、水壶、饭碗等坚固耐用的生活日用品。

骆驼皮桶，柯尔克孜语称为“库乃克”，是用骆驼脖子的皮制成的一种汲水用具。柯尔克孜人在宰驼时，尽量获得颈部完整的皮毛。而后，将外面的毛去净，里面的油刮干净，再将一头粗针大线地缝起来。再往后，向皮筒内灌满沙子、捣实，使其成为圆形，用牛粪烟熏半年到一年。用一块圆形驼皮做底，以牛筋或动物皮割成的细线缝上，皮桶两侧再拴上皮绳为提手，一个骆驼皮桶就算做好了。这样的桶一般可盛水或奶5－6公斤。

骆驼皮壶则是用骆驼峰上的皮制成的一种盛水工具。据说，这种水壶，是古柯尔克孜人出门和打仗时洗脸净手用的，由于坚固耐磨，是骑马骑驼者的理想用具。

世界屋脊上的转经人：藏族

◎ 历史悠久的藏传佛教文化

◎ 古老藏戏展新颜

◎ 藏装魅影

↑ 矗立在拉萨市中心的布达拉宫，是藏族历史和文化的杰出代表，是整个青藏高原的象征。

藏族主要分布在西藏自治区以及青海省、甘肃省、四川省和云南省的一些地区，现有人口541万。他们生活在号称“世界屋脊”的青藏高原上，多以牧业为生，主要放养绵羊、山羊和牦牛；农业以种植青稞为主，也有小麦、油菜、豌豆等农作物。用青稞等制作的糌粑和酥油，是藏

高原的道路上，虔诚的朝圣者从遥远的家乡磕长头至拉萨朝圣。

辩经的喇嘛

转经筒是藏族人最常见的宗教礼仪之一，可以积德纳福。

族农牧民的主要食品。

生活在雪域高原的藏族人民，热情开朗、豪爽奔放。日常生活常以歌舞为伴，自由自在地生活在帐篷连着天空的地方。藏族民歌悠扬深沉，摄人心魄。他们歌唱时还伴以舞蹈，舞姿优美、节奏明快，其中踢踏舞、锅庄舞、弦子舞最受藏族人民的喜爱。

藏传佛教是西藏最重要的传统文化。公元7世纪前后，佛教从印度传入西藏，至今已有1300多年的历史。藏传佛教是以佛教教义为基础，吸收和融合了藏区原始宗教苯教的不少内容而形成的，是佛教的西藏地方形式。从13世纪至16世纪中叶，是藏传佛教的大发展时期，佛教日益盛行，佛事活动频繁，佛

刻玛尼石的藏民

教寺庙遍及西藏各地。著名的寺庙有甘丹寺、哲蚌寺、色拉寺、扎什伦布寺和布达拉宫。藏传佛教教派众多，主要有宁玛、噶举、萨迦、格鲁四大教派。格鲁派俗称“黄教”，寺庙集团势力最大。黄教实行活佛转世制度，有达赖和班禅两大转世传承系统。

藏族人对佛的信仰是很虔诚坚定的。他们可以把一生的积蓄，献给他们信仰的活佛。人们常常可以在青藏公路上看见藏民以三步一个等身长头的方式，磕向朝圣地拉萨，锲而不舍地长达数年。藏民平时没有笔墨，也没有纸张，就把真言经文和佛像刻在石板上。哪怕在冰天雪地里，他们也将其揣在怀里，从中汲取信仰的力量，这就是“玛尼石”。他们把玛尼石

罗布林卡的传统藏戏

藏戏中，头戴面具的
演员在表演舞蹈。

按不同的形状堆放在路边、桥梁、山上、河畔和墓地上，形成了“玛尼堆”。耸立在青海省玉树藏族自治州的新寨玛尼城，是第一世嘉那活佛晚年定居此地时修建的。后来到20世纪50年代时，就堆有近25亿块玛尼石了，堪称世界第一玛尼堆。

藏传佛教在藏区的普及和持久影响是令人惊叹的，藏族人的日常生活充满了对神佛的敬畏，有着很多特殊的禁忌。比如藏族人从来不在寺院内大声喧哗；忌讳在寺庙内吸烟、摸佛像、翻经书、敲钟鼓等。

藏族文化中有着“活化石”美誉的藏戏，是中国最古老的戏曲剧种之一，在藏区普遍流行，随时随地可以见到民间的藏戏班子搭上一个大帐篷，或者扯一块大帆布，就地演出。方圆十里的藏民都会来观看，常常是围得水泄不通。藏族人称藏戏为“阿姐拉姆”，意思是“仙女大姐”。藏戏演员稍作化妆，头戴面具，观众可以从面具造型上区分人物的善恶忠奸。剧中人道白很少，演员专心致志地吟唱，后台一般有帮腔，还有一人用快板向观众说明剧情。演出时有乐器伴奏，演员随之起舞。由于广场演出，唱腔多高昂、嘹亮，拖腔也多，具有鲜明的雪域高原特色。藏戏的传统剧目很多，内容题材也很丰富，大多来自民间传说、故事、佛经、民间习俗。如今藏戏演出被搬上了舞台，以其古朴粗犷的艺术魅力吸引了众多海内外观众。

藏族的服饰文化也别具特色，基本特征是肥腰、长袖、大襟。这早在公元6世纪藏族形成一个统一民族之前就已经存在。而各地藏装在这一共性的基础上又有不同的个性，可谓千变万化。尤其是妇女的服饰最为丰富，样式达上百种。藏族牧区男子穿长袖圆领、右开襟束带的氆氇长袍，农区和城镇妇女冬、春穿长袖长袍，夏、秋穿无袖长袍，内着各种颜色的衫衣，前系氆氇围裙；牧民的服装男女基本相似，都穿羊皮袍，

天真无邪的藏族小姑娘

身着华丽服饰的康巴汉子

不缝袍面。牧区妇女还习惯把头发梳成很多小辫，拢在一起，披在背上，并在上面缀以珊瑚、贝壳和银币等饰物；僧尼则一律披袈裟。

藏区的每一个节日，几乎都是一场隆重的服饰展示会，绚丽多彩的服装和灿烂夺目的装饰品让人眼前一亮。藏族女性的佩饰尤为光彩照人，都是由贵重的玛瑙、珊瑚、金银等制成的，佩戴在头上、颈上、手上、腰上，雍容华贵。通过服饰就能看出穿戴者所拥有的财富，有的服饰价值连城，令人叹为观止。

云南傣家风光

流连于佛寺、竹楼之间：傣族

◎ 虔诚的佛教信仰
◎ 欢乐时光泼水节
◎ 迷人的象脚鼓

傣族是个历史悠久的民族，有自己的民族语言和文字。傣族现有人口115万，主要聚居在中国云南省西部靠边境的弧形地带，西双版纳傣族自治州和德宏傣族景颇族自治州等地。

云南西双版纳景洪总佛寺

僧人用竹笔在贝叶上
刻写经文

傣族赕佛活动

傣族居住的地区位于中国云贵高原的西端，高黎贡山、怒山、哀牢山等形成天然屏障，澜沧江、怒江、元江蜿蜒宽阔，湍流不息。其间散布着许多峡谷平坝，就是傣族人民居住的地方。平坝里河流纵横、土地肥沃，生长着许多热带亚热带作物和珍贵药材。稻谷是傣族的主要传统作物，西双版纳和德宏素有“滇南谷仓”的美誉。

同藏传佛教“普度众生”的大乘教派不同，生活在云南的傣族人民信仰的是小乘佛教。小乘佛教只求自我解脱，属于原始佛教的范畴，先从印度传至斯里兰卡，继而传到中南半岛和中国的云南省。傣族的每个男子在一生中要出家过一段脱离家庭的僧侣生活。过去傣族的文化教育由寺院垄断，男子只有入寺为僧，才有可能通过宗教教育掌握一定的文化知识，才有成家立业的权利，否则将会被社会所歧视。僧侣还俗较

云南西双版纳橄榄坝的泼水节，场面非常壮观。

为简单，还俗的僧侣根据其本身的等级而享受不同的称号。少数留在寺院的傣族青年继续深造，按僧阶继续晋升，成为终身僧侣。

傣族最为世人瞩目的民族节日是泼水节（即傣历新年），在傣历六月（公历4月）举行。传说很早以前，有七位善良民女杀死了霸占她们的魔王，但遭魔火烧身，众人见此情景，皆泼水灭火相救。后来，傣族人为了永远怀念为民除害的七姐妹，每逢新年，用水互相泼洒、洗尘去污，祝福在新的一年里消灾祛祸，身体健康。实际上，泼水节也是个宗教节日，一般持续3至7天。第一天与农历的除夕相似；第二天是空下来的一天，在家静养或上山狩猎；第三天是新年，人们把这一天视为最美好、最吉祥的日子。节日清晨，傣族男女老少就穿上节日盛装，挑着清水，先到佛寺浴佛，然后就开始互相泼水，

互祝吉祥、幸福、健康。开始泼水时，彬彬有礼，姑娘们提着一小桶凉水，用树枝蘸水向长者、来宾脖后轻轻泼洒，以表示祝福，这是礼节性的泼水。泼水进入高潮时，男女青年用满瓢、满盆的水，在追逐中泼向对方。泼水节成了狂欢的节日，平时彬彬有礼的傣家少女，顿时活跃起来，不甘示弱地与小伙子展开对泼。水花在空中飞舞，传递着吉祥与祝福，场面十分壮观。

制作象脚鼓的工匠

傣族的打击乐器象脚鼓也很有名气，傣语称为“光”。傣族的每个村子几乎都有大小不同的一套或几套象脚鼓。象脚鼓是象脚鼓

伴着优美的鼓声，傣族女子翩翩起舞

舞的主要道具，在演奏时一般都有铓锣、铜镲、钹等打击乐器相配合，成为一组打击乐。象脚鼓的形状上粗中细长，下端呈喇叭形，大者长约2米，鼓面直径约30厘米，最小的也有近1米长。鼓面蒙牛皮或羊皮，鼓身一般用木棉树或杧果树的一段完整圆木镂空制成。上部漆为红色，底部为黑色，中间细长部分漆多种彩色图案。演奏时鼓身上系黄色彩带或由多种彩带编成的背带，斜挂于演奏者的左腋下，尾部插上一簇簇孔雀翎毛，孔雀翎毛随鼓尾摆动，十分艳丽美观。演奏前还用糯米饭在鼓面中心粘上一圈，使鼓音更为圆润。演奏方法是多种多样的，可用拳、掌、指、肘、足交替拍击鼓面，还可以手指轻打鼓边相配合，产生强弱、速度、节奏和音色的多种对比变化。傣族人民的快乐心情，就从这铿锵的鼓声中传达出来。

大歌声声动人心：侗族

◎ 翻越千山“大歌”来
◎ 侗寨鼓楼的风姿
◎ 依山傍水风雨桥

侗族主要分布在贵州、湖南和广西壮族自治区。侗族人主要从事农业，以种植水稻为主，特产糯谷，以香禾糯最负盛名。少数侗族人从事林业，在池塘稻田中养鱼也很普遍。现有人口296万。

别具一格的侗族鼓楼建筑艺术

鼓楼上的雕塑栩栩如生

鼓楼内景

侗乡姑娘在农闲时候会聚集在一起唱歌

侗族人居住地一向被誉为“诗的家乡、歌的海洋”，尤以多声部、无伴奏的侗族大歌为侗族传统文化最精粹的部分。侗族是一个没有文字记载的民族，他们用歌声来代替文字，许多优秀的文化传统、生活习俗、社交礼仪等，都是依靠优美的歌声一代一代传承的。所谓“汉人有字传书本，侗族无字传歌声，祖辈传唱到父辈，父辈传唱到儿孙”，正是侗族生活的真实写照。侗族人民视歌为宝，认为歌就是知识，就是文化，谁掌握的歌多，谁就是有知识的人。在侗族地区，歌师是被社会公认的最有知识、最懂道理的人，因而很受侗族人的尊重。

鼓楼是表演侗族大歌的最佳场地

侗族大歌是一种“众低独高”的音乐，必须由三人以上来进行演唱。多声部、无指挥、无伴奏是其主要特点。模拟鸟叫虫鸣、高山流水等大自然之音，是大歌编创的一大特色，也是产生大歌的自然根源。侗族大歌的主要内容是歌唱自然、劳动、爱情以及友谊，展现人与自然、人与人之间的和谐融洽。侗族大歌多在鼓楼里和月堂中歌唱，以集体形式，歌手宾主分坐在长长的凳子上轻轻唱、慢慢和，平和含蓄、优美深情。整个场面没有专业的指挥，是纯粹的地道的民间合唱。

一直以来，世界音乐界认为中国没有多声部的和声艺术，复调音乐仅存于西方。上个世纪50年代，侗族大歌被中国著名音乐家郑律成偶然发现。1986年贵州侗歌合唱团赴法国演出时引起轰动，音乐界惊叹这是中国音乐史上的重大发现，从此改变了中国没有复调音乐的说法。侗族大歌“众低独高”、复调式的多声部合唱方式，是中外民间音乐所罕见的。大歌的演唱场合是比较讲究的，除平时训练外，大歌在重大节日、集体交往或接待远方尊贵的客人时才能在侗族村寨演唱。大歌有声音大歌、柔声大歌、伦理大歌、叙事大歌等，其中声音大歌是最精华的部分，声音的标题常以昆虫鸟兽或季节时令的名称命名，如《蝉歌》《三月歌》等。侗族大歌的演唱内容、表现形式，无不与侗族人的习俗、性格、心理以及生活环境息息相关，是对侗族历史的真实记录，是侗族文化的直接表现。

程阳桥是目前保存最完好、规模最大的风雨桥。

除了侗族大歌外，侗族人还擅长石木建筑。结构精巧、形式多样的侗寨鼓楼、风雨桥等，就是最有代表性的侗族建筑。

鼓楼一般鹤立在寨子中心或寨门附近，是族姓或村寨标志，也是公众集会的议事场所。每遇寨内发生大事情，需要全寨人聚众商量时，就由寨老主持在鼓楼里议事论理。鼓楼又是全寨民众休息娱乐的公共场所。劳动之余，人们围坐鼓楼里的火塘边叙家常、讲故事、弹琵琶、唱古歌。逢年过节，有人来访，全寨老少聚集在鼓楼前的石坪上接送客人、对唱大歌、比赛芦笙、玩龙舞狮。鼓楼为木质结构，以榫头穿合，不用铁钉。从整个造型来看，可以分为楼阁形和宝塔形两种不同风格。大多数鼓楼均为多柱式，或四柱、或八柱。底部一般呈方形，少数呈六面形，是鼓楼的实际使用部分。重檐层数均为单数，有三层、五层、七层、九层乃至十五层不等，层层而上，气势雄伟。

风雨桥也是侗寨独有的建筑物，在侗寨附近的河流上到处可见。最著名的风雨桥首推广西三江侗族自治县的程阳桥。程阳桥，正式名为永济桥，前后花了20年才建成。桥身长76米，高10.6米，宽3.4米。五墩四孔，每孔宽14.2米。桥礅上筑有五座五层重檐桥亭，以长廊连贯，雄伟壮丽，被公认为侗乡标志。

三江还有一座在建筑史上更有价值的风雨桥——琶团桥。此桥建于1910年，比程阳桥早六年。桥长50米，一墩二孔三桥亭。规模虽稍次于程阳桥，但在桥梁功能处理上却有独到之处。桥面分人行道和畜行道高低两层。独特的构思使其成为一座颇为先进的有立体功能分工、人畜分道的壮观枯木桥。在结构上，亭、廊、阁、栏的处理都独具匠心，既加强桥梁的整体性，又能满足行人过桥、休息、乘凉、眺望等功能要求。此桥堪称多功能建筑的典范，体现了侗族人民的建筑技艺和民族智慧。

元阳梯田位于云南红河州境内的哀牢山麓，已有 2000 年历史，是迄今为止世界上规模最大、分布最广、形象最美的梯田。

绘制天神的脸谱：哈尼族

◎ 水乡梯田逾千年

◎ 哈尼民居蘑菇房

哈尼族大部分聚居于滇南礼江下游红河和澜沧江流域的哀牢山区及红河、元阳等县。现有人口143万。

哈尼族大都居住在云贵高原海拔800—2500米的山区，主要从事农业，以善种梯田出名。哈尼人根据不同的地形、土质，利用“山有多高，水有多高”的自然条件，创造了独特的“梯田文化”。

由于云贵高原“地无三尺平”的特殊地貌，土地难以耕作，顽强、智慧的哈尼人创造性地发明了用石砌围墙保护垦田、引水灌溉的梯田。他们在山上挖出若干条水沟干渠，雨水被截入沟渠，海拔两千多米的高山上可以种稻谷，这不能不让人佩服哈尼人的惊人创造力。

哈尼人开垦梯田前，必须在峭壁上打凿石头。然后通过肩背人扛，运到已经选好的山坡上垒田埂。哀牢山山势陡峭，通常田埂要垒到1米以上。开凿梯田也要随着山势的变化，坡大坡缓开大田，坡小坡陡就开小田。为了最大限度地利用自然环境，甚至有些沟边、坎下、石隙之中，哈尼人也要奋力开田。

云南红河地区的哈尼梯田，绵延整个红河南岸的红河、元阳、绿春及金平等县，仅元阳县境内就有17万亩梯田，规模

哈尼梯田如同艺术品一般，是天人合一的农耕奇观
哈尼族人造就了山、水、田、林、人和谐统一的美景

宏大，气势磅礴，是红河哈尼梯田的核心区。元阳县全境均为崇山峻岭，所有的梯田都修筑在山坡上，梯田坡度在15度至75度之间。以一座山坡而论，梯田最高级数达3000级，逶迤壮观。万亩梯田集中连片，3000多级首尾相连，从海拔700米至1800米，依山开垦，顺势造田，经纬纵横，大的有三四亩，小的只有水牛大小。在陡峭处，田如天梯，美若龙脊。观赏梯田要登高远眺，万亩梯田尽收眼底。随着一年四季的变化，万亩梯田各展风姿，春是碧绿的世界，秋是金黄的稻山，入冬后，块块梯田如明镜镶嵌沟谷，似彩练直上云天，这在中外梯田景观中十分罕见。

元阳哈尼梯田是农耕文明的典范，形成了森林—村寨—梯田—水系四度共构的良性农业生态系统。围绕着梯田构筑和大沟挖掘，哈尼人发明了一套严密有效的用水制度，保证了每块梯田都能得到充足的水量供给。很难想象，如果没有千年的

哈尼族群众身着盛装，载歌载舞，欢度自己的民族节日。

哈尼族民居——蘑菇房

时间，哈尼梯田怎能像现在这般雄浑壮阔，仍旧是一个完整的大山、江河、森林、人等各种生态符号相和谐的体系。

梯田文化渗透到了哈尼族每一个生活细节。哈尼人的名字就来源于梯田。孩子一出生，家里人就要举行梯田劳动仪式，在院子地上画出象征梯田的方格，如果生男孩，就由一个七八岁的男孩用小锄头在方格内表演挖梯田的动作；如果生女孩，就由一个七八岁的女孩在方格代表的“梯田”里表演摸螺蛳、拿黄鳝的动作。经过这一仪式出生的孩子才能拥有自己正式的名字，真正成为村寨里的一员。哈尼人一生的劳作都在梯田里，去世后也埋葬在梯田旁边的山坡上，在另外一个世界里默默守望着梯田。

哈尼人居住的蘑菇房也令人激动。传说哈尼人的祖先是看到漫山遍野、不怕风吹雨打的蘑菇，受到启发，按照蘑菇的样子盖起了自己的住房。哈尼族的蘑菇房盖得十分精巧，土基墙、竹木架上面铺上茅草，屋顶有四个斜坡面，所以看起来很像一朵美丽的蘑菇。房子分三层：底层关牛马、堆放农具等；

哈尼族长街宴

中层用木板铺设，隔成左、中、右三间，中间设有一个常年烟火不断的方形火塘；顶层用泥土覆盖，既能防火，又能堆放物品。即使是寒气袭人的严冬，屋里也是暖融融的；在赤日炎炎的夏天，屋里却又十分凉爽。多少年来，哈尼人迁徙到哪里，蘑菇房就盖到哪里，遍布哈尼山乡。

把历史穿在身上：苗族

◎ 银饰响叮当
◎ 典雅大方的苗族蜡染
◎ 织锦本色出天然

苗族是中国南方最古老的民族之一，经过历史上的多次迁徙，今天主要聚居在贵州省、湖南省、云南省和广西壮族自治区。在黔东南和湘鄂川黔的交界地带（以湘西为主）比较集中，有人口894万。苗族聚居的苗岭山脉和武陵山脉，气候温和，山环水绕，大小田坝点缀其间。那里出产水稻、玉米、谷子、小麦、棉花、烟草、油菜、油桐等，还蕴藏着丰富的木材资源和矿产资源。

最体现苗族的民族特色的，是他们的银饰、蜡染、织锦等手工艺制品。

苗族的装饰品中最具标志性也最神圣的，是银饰。苗族银饰的种类较多，从头到脚，无处不饰。其中头饰最为醒目，包括银角、银帽、银围帕等。最大的银角宽约85厘米，高约80厘米，饰件高度超过佩戴者身高的一半，在世界上堪称一绝。苗族姑娘们佩戴时还要在银角两端插上白鸡羽，鸡羽随风摇曳，使银角显得更为高耸，巍峨壮观中兼有轻盈飘逸之美。

银帽为苗族盛装头饰，由众多的银花及鸟、蝶等各种动物造型和银键、银铃组成，给人以满头珠翠、雍容华贵的印象。银帽种类很多，通常分为内外两层。内层用缠布铁丝编成

苗族姑娘全身戴满了制作精细的银饰，格外引人注目。

苗族银饰种类繁多、造型精美，妇女着盛装时银饰必不可少。

适于顶戴的帽圈。外层分三段，上段为帽顶，通冠由成百上千的银花组成，十分繁密。帽顶正中，银扇高耸。银扇四周，有数只凤鸟、蝴蝶、螳螂高居花簇之上，形态逼真。中段帽箍为压花银片，上有二龙戏珠纹样，两侧有孩童嬉戏形象。下段沿帽箍垂下一排吊穗，皆以银链相连，银铃叮当。冠后拖三组银羽，共12根，羽长及腰。

苗族的银围帕有两种类型，一种是将散件银饰固定在头帕上，另一种则整体为银制，内衬布垫或直接固定在头上。另外，苗族的银头饰还有银插针、银网链、银花梳等；胸颈饰有银项圈、银压领、银胸牌等。

银饰制作技艺，是苗族民间独有的技艺，所有饰件都是由苗族工匠手工制作而成。银饰的式样和构造，经过了匠师的精心设计，由绘图到雕刻和制作多达30道工序，工艺水平极高。

除银饰外，苗族的蜡染艺术在中华民族的染织领域也是

苗族银饰全为手工制作，具有极高的工艺水平。

心灵手巧的苗族妇女用铜制蜡刀蘸蜡液绘制蜡染图样

晾晒蜡染的布匹

久负盛名、独放异彩。蜡染，古称蜡缬，与绞缬（扎染）、夹缬（镂空印花）并称我国古代三大印花技艺。蜡染制作方法，是将白布平铺于案上，把蜡加热熔解为汁，用蜡刀蘸蜡汁绘于布上。一般不打样，只凭构思绘画，也不用直尺和圆规，所画的中行线、直线和方圆图形，折叠起来能吻合不差；所绘花鸟虫鱼，栩栩如生。绘成后，投入染缸渍染，染好捞出用清水煮沸，蜡熔化后即现出白色花纹。苗族原本擅长纺麻织布，织好的布用蓼蓝、红花、栀子、五倍子等草药就可以染成蓝、红、黄、黑各种颜色，色彩多以蓝白为主，少有红、绿的搭配。苗族蜡染古朴中包含着粗犷风格，简约中蕴藏着典雅情调，风格鲜明，深受人们喜爱。

此外，苗族的织锦也颇有自己的特色，被称为苗锦。苗家女使用各种各样的彩色丝线将图样编织在织物上，全幅饱满，无大空隙。这样织出的苗锦，宽可盈尺，色彩鲜艳，美

苗族女子的围腰

观大方，是苗族姑娘和妇女制作裙围的首选材料。苗锦上的花纹以几何图形、花卉纹饰和动物图案为主，图样多取自苗族的历史传说、神话故事、自然景观和现实生活，表现手法极为夸张，独具风格。

苗族的银饰、蜡染和苗锦三位一体，共同构成苗族服饰，特别是苗族女性服饰的主体特色。苗绣具有深厚的历史感和强烈的表意功能，被世人誉为苗族“身上的史书”和“穿着的图腾”。

苗族刺绣构图饱满、色彩艳丽。

最后的女儿国：纳西族

◎ 奇异浪漫的“阿注”婚
◎ 纳西人隆重的成年礼
◎ 纳西人的百科全书——东巴文化

纳西族是古老羌人的一支，曾辗转南迁至川西南、滇西北一带生活，现在主要聚居在云南省丽江纳西族自治县，有30万人。

纳西人的婚姻家庭生活，直到今天仍保留着母系制遗俗，是地球上最后的“女儿国”，以自称“摩梭人”的云南永宁县纳西族人最具典型性。在“摩梭人”的家庭结构中，妇女地位显赫，家长由辈分高的妇女担任，掌管全家的生产、生活，她还是家庭宗教祭祀活动的主持人。家庭的血统世系按母系计算，财产也依母系原则继承。与这种母系家庭相适应的婚

纳西人的故乡——丽江古城

姻制度，被称为“阿注婚”。

“阿注”意为“朋友”“伴侣”。这种婚姻的主要特点是：男不娶、女不嫁。纳西青年一般在18岁左右即可自由建立“阿注”关系。凡属不同母系血缘的青年男女在劳动或节庆等场合互相中意以后，就预约时间、暗号。男方如约去女方处，并脱下鞋子放在门口，表示该屋已有男人。有人称此为“翻木楼子”，即临时“阿注”。有的随感情加深而实行公开走婚。由于他们分别在两个家庭里生产、生活，所以男子要在夜幕降临后才去女家访宿，次日清晨又匆匆返回母家。

男女建立“阿注”关系的时间，长的几年、几十年，短的只有一两年，或者更短，甚至是临时、偶然的结合。纳西

← 纳西女子以勤劳能干、贤德善良而著称，她们的服饰寓意为“披星戴月”。

泸沽湖上的摩梭女子

人青年时期大多结交短期“阿注”。随着年龄的增长，“阿注”关系逐步稳定下来，多数有长期的、固定的“阿注”，同时还结交临时“阿注”，也有少数人一生只有一个长期“阿注”的。同居所生的子女，姓母亲姓氏，并归母亲家庭抚养，舅舅们承担起教养其姐妹们的子女的责任，尽“父亲”的义务。由于这种婚姻家庭没有经济等方面的必然联系，所以男女双方的离异十分自由，而离异的

摩梭女子成年礼

主动权往往掌握在女性手里。只要女方拒绝男子来访或男子停止访宿，女方把男方的物品搬出去，男方便知趣地离开，而很少发生纠缠、争斗，“阿注婚”便宣告结束。

我们从纳西人的“阿注婚”中不难感受到其先民们纯朴的感情，古老的人际关系如同遗传密码一样稳定在婚姻风俗之中。

纳西人的婚礼似乎在他们的生活中并非是什么大事情，但他们对于成年礼却极为重视，其习俗礼仪也很有趣。

纳西人孩子长到13岁时，家里人就要为孩子举行隆重的成年礼，女孩的叫“穿裙礼”，男孩的叫“穿裤礼”。因为没举行成年礼之前，他们通常只穿麻织的长衫，而不穿裙子和裤子。纳西人的成年礼要在自家的“母房”里举行。纳西人一家一个大院子，“母房”其实就是大院子的正房，正房里立着两根柱子，左为男柱，右为女柱。这两根柱子其实是同一棵树，树的上节作男柱，树的下节作女柱。纳西人举行成年礼时，男孩必须站在男柱旁举行仪式，女孩必须站在女柱旁举行仪式。

女孩的成年礼“穿裙礼”举行时，异常隆重，整个家族都要参加。举行成年礼的女孩儿双脚踩在猪膘肉和盛满稻谷的竹箩上，手上还握有串珠、耳环、麻纱等，以示成年后吃穿无忧、手巧能织、生活幸福。隆重的成年礼首先从手捧裙子的祖母开始，她把裙子在女柱上挂一挂，表示家门又有了顶梁柱，再往房门上摔打几下，以示打掉了不洁和邪秽，并向孩子祝福。随后，母亲为女儿脱去旧的麻布长衫，为她穿上新上衣和美丽的百榴裙，系上绣有花卉图案的腰带。待女孩穿上新裙子后，纳西人的巫师东巴要为她向祖先神灵祈福，并把一根吉祥的羊毛绳拴系在女孩儿的颈脖上。当仪式结束时，再将这根羊

云南丽江跳鼓舞的东巴祭司

毛绳挂于神龛的木棍上。纳西人认为，羊毛绳能拴住即将成年的孩子们的性命。同时，羊毛绳是羊的象征，这是要她永远不忘以游牧、放羊为生的纳西人祖先。穿上新裙子的女孩还要给狗喂食并说："狗能活60岁，人只能活13岁，咱们换个岁数，我才能长命百岁。"

纳西男孩的"穿裤礼"也很热闹，一开始也要脚踩稻谷和猪膘肉，只不过纳西男孩手中拿的是钱币和尖刀，以示他从此吃穿不愁，善于聚财并英勇善战。仪式通常由舅舅来主持完成。纳西男孩穿上象征成年的裤子后，长辈和亲友们要分别向他赠送礼物，而男孩也要分别向祖先牌位、锅庄神、灶神和父母长辈叩头致谢，然后就静听纳西巫师东巴念诵祖谱，最后还要跟着唱祝福歌。

古老而神秘的东巴文字

纳西族男女举行成年礼时，都少不了巫师（纳西语称为"东巴"）的参与，可见"东巴"在纳西人心中的位置。实际上纳西族人普遍信仰东巴教，它是纳西族原有的一种巫教，属

音乐的活化石——纳西古乐

于多神教，经考证，已有近千年的历史。它宣扬“万物有灵，灵魂不灭”。东巴教对纳西族文化的传承功不可没，用东巴文书写的东巴教经典《东巴经》是纳西族古代文化的结晶，囊括了宗教、天文、地理、历史、医药、畜牧、家庭、饮食、生活、民族关系、风土人情等诸多内容，是了解认识纳西族古代社会的百科全书。东巴文属图画象形文字，用简单笔画把事、物、意的轮廓勾勒出来，书写出的句子就像一幅幅充满提示的图画，无固定的读法，所以即使会说纳西语，又认得象形字，也依然不能读懂经文。只有从小拜师学习的东巴教徒，才能口诵经文。教徒“东巴”，也有“智者”的意思，往往集巫、医、学、艺、匠等于一身，是纳西族传统文化的重要传承者。

横断山中住碉楼：羌族

◎ 历尽沧桑的碉楼

◎ 沐浴千年风霜的古栈道

◎ 飘然一线走索桥

羌族是一个古老的民族，早在3000多年前，他们就活动在中国的西北部和中原地区。今天的羌族，主要聚居在四川省阿坝藏族羌族自治州的茂汶羌族自治县，有30万人。

羌族人的生产活动，基本上是以农业生产和果木种植为主，家畜养殖为辅。羌族人信仰原始的拜物教，以一种乳白色的石头作为神灵的象征，供奉在山上、地里、屋顶或庙内。此

羌寨全景。它集碉楼与民居一体，是难得一见的羌族建筑群。

四川阿坝地区的羌族碉楼

外，在门楣、窗口、碉楼上以及神（树）林之中，也供奉着这样一些白石。民间传说古代羌人在大迁徙中，来到现居住地岷江上游，遭异族侵略。羌人首领受神的启示，以白石和硬木棍为武器战胜了敌人。羌人感激神灵，但又不知神的形象，于是以白石替代，世代祭祀敬奉。石头以其坚硬牢固受到原始人的敬重，在中国具有一定的普遍性。南方许多地方的巨石崇拜都是例证。羌族以石筑房、以石筑堰，以石匠技艺精湛而闻名，他们敬奉白石便不足为奇了。

羌族人所居之地山高谷深，有不少石头，再加上对于石头的崇拜，这就深刻影响了羌族村寨的总体格局以及建筑艺术的丰富性，形成了以石头为材料的碉楼式建筑，富有个性、

典型的古老羌人建筑

妇女在羌寨农家院内挂玉米

形式多样。羌族民居为石片砌成的平顶房，呈方形，多数为3层，每层高3米多。房顶平台的最下面是木板或石板，伸出墙外成屋檐。木板或石板上密覆树枝或竹枝，再压盖黄土和鸡粪夯实，厚约0.35米，有涧槽引水，不漏雨雪，冬暖夏凉。房顶平台是脱粒、晒粮、做针线活的场地，也可供孩子、老人游戏休歇。有些楼间修有过街楼（骑楼），以便往来。

当然最令人震撼的还是羌族的碉楼，这些坚固而雄伟的古代摩天大楼，用天然石块建成，或方形或星形，像锋利的刀刃直插云霄，是过去为防止外族入侵以及羌族内部的械斗等原因而修建的，主要功用是 望与防守。经检测，最古老的碉楼已有1200年的历史，最年轻的也有500年。大部分古碉楼都已经没有了原建碉顶，但仍能看出典型的防御建筑特点来，这也是羌族村落所特有的。古碉楼从功能上有家碉和寨碉之分，家碉大多不会太高，10—20米不等，以户为单位，建于房前屋后，或者与住房连为一体。寨碉可高达五六十米，以保护整个村落和村寨。羌寨大部分建在高山或半山上，碉楼大都处于地势险峻、视线开阔的地方，以碉楼为中心的空间格局层次分

索桥

明。民居环绕碉楼四周而建，并层层随坡地拔高，蔚为壮观。远远望去，造型别致、层次分明、色彩明艳的民居与古碉楼，错落有致地分布在迤逦起伏的坡间崖旁，是当地人与大自然和谐相处的完美演绎。背后山脉的蜿蜒、前面宽阔河谷的气势，则更加强了碉楼的中心凝聚力。经历了多年的风雨和战争的洗礼，碉楼仍然骄傲地耸立在川藏地区，留给后人众多难解的谜题。

羌族人与外界交往的通道是栈道和索桥。栈道又称“阁道”，现代羌人多称“偏桥”，大多建在峭崖绝壁之上，凿孔架梁而成。栈道使原本无径可通的地方，成为无阻坦道，在古代为沟通往来，特别是在军事上曾发挥过极为重要的作用，

索桥

展示了羌族人的睿智和创造力。现在，保存完好的克枯古栈道位于羌族聚居的四川汶川县的杂谷脑河北岸，传说为蜀汉（221—263）大将姜维所开，清代（1644—1911）又多次维修扩建。现残存栈道长158米，宽0.4米至2米不等，距河面高10米至20米，为古代岷江上游的交通要道。

在汹涌的峡谷激流之间，运用溜索渡河，是古老的羌族人的又一个勇敢的创造。而索桥是将溜索的原理进一步发展和应用的结果。索桥又称绳桥，早在1500年前，羌人便已发明并掌握了架设索桥的技术。竹缆的两头系在河流两岸十分牢固的石柱或木柱上，竹缆上铺木板成索桥。桥的左右，也是几根平行的粗大竹缆，既起稳定索桥作用，又可用作扶手。横跨汶川县岷江和杂谷脑河交叉点上的威州大索桥，传说是唐代所建，全长约100米，宽约1.5米，索桥横架水面之上，十分雄壮。栈道和索桥成为羌族人历史和文化的象征。

穿越时空的鼓声：佤族

◎ 木鼓声声传佤寨

◎ 如醉如痴的佤族舞蹈

佤族自称“阿佤”，意为“住在山上的人”。今天的佤族主要聚居在云南省西南部的西盟、沧源、孟连、耿马等县，现有39万人。

佤族人居住的地方处于澜沧江和萨尔温江之间、怒山山脉的南段一带。这里山峦重叠，平坝极少，被称为“阿佤山”。山里气候比较复杂，盛产经济林木。密林深处，栖息着

云南佤族村寨

象、虎、豹、熊、鹿、麂子、野猪等珍贵野生动物。佤族人过去长期刻木记事，因此，与木头结下了不解之缘。这种缘分由佤族人崇拜的木鼓体现出来。

木鼓是佤族人所特有的鼓种，佤语称“克罗”，多以直径0.8米、长约2米的红毛树整木雕凿而成。佤族人视木鼓为至高无上的通天神器，是佤寨民众赖以生存的保护神，也是佤族人民用来驱邪捉鬼、召集部落成员、告急友邻、出征战斗的重要器物。佤族的宗教、歌舞、饮食、服饰、礼仪风俗等等，都和木鼓紧密相连。

在佤族的每一个村寨几乎都有一幢或几幢木鼓房，是佤族人用来供奉木鼓的地方，也是佤族村寨的标志性建筑物。木鼓房是佤族的神圣之地，就像其他民族的宗教庙宇一样。木鼓房里一般都有公、母两只木鼓。公的个头较小，显得细瘦苗条，母的则很粗壮，鼓身很大。公木鼓用红毛树制成，母木鼓用麻公树制成。由于所用木质不同，公木鼓发音高亢清亮，母

佤族人家

采茶的佤族女子

木鼓沉浑悠扬，响声遥远。

佤族信仰万物有灵的原始宗教，关于木鼓有许多民间神话和传说，均与佤族先民们的神灵崇拜、祖先崇拜和生殖崇拜有紧密联系。围绕着木鼓而举行的拉木鼓、跳木鼓房、敲木鼓和祭木鼓等一系列活动，构成佤族庄重而又热烈的盛大节庆活动，是佤族传统文化的集中体现。每年12月是拉木鼓最吉祥的日子，整个过程一般需要十天。首先由头人和魔巴（巫师）带领部分群众，在黑夜到选定做木鼓的大树旁献上贡品，鸣枪驱鬼，再由魔巴念咒祈祷并挥斧砍树数下，接着佤族小伙子们轮流砍树，彻夜不停，直到将树砍倒。然后他们捡三块石头放在树桩上，即给树鬼的买树钱，之后就截一段2米多长的树干，

热烈奔放的甩发舞表演

凿出树耳，穿上藤条，便是要拉的木鼓了；次日清早，全寨男女老少穿戴好盛装来到山上，由魔巴挥舞树枝领唱并指挥，众男子分两边手拉藤条，应声合唱，拉动木鼓，妇女助威呐喊，老人和小孩送水、送酒、送饭。拉木鼓气势浩大，是佤族人剽悍、团结的充分体现。木鼓在寨门外要停留二至三天，待杀鸡卜卦选好时辰后，举行隆重的剽猪、剽牛仪式，全寨人再一齐将木鼓树拉到木鼓房旁的场地上，由工匠制作。制作木鼓，大约要六至十天时间。

接下来便是跳木鼓和木鼓制成后入房上架时的敲木鼓活动，常常是全寨人甚至整个部落成员参加的通宵达旦的歌舞狂欢活动。祭木鼓，则是佤族的一项重大宗教活动，一般在阳历1月间进行。届时，魔巴鸣枪并敲击召集村寨群众举行祭祀和剽牛活动。逢年过节或宗教祭祀之时，当人们用大木棒敲打鼓身时，可以发出四种不同音响，铿锵有力，节奏交错，形成了

佤族木鼓舞祭牛头

一种特定的“鼓语”。

阿佤山是歌舞之乡，流传在佤族人中的古老的民间舞蹈，题材广泛，风格各异，蕴藏量极为丰富。常见的有“圆圈舞”“敲木鼓舞”“欢乐舞”等。“圆圈舞”以集体舞最常见，不分男女老少，舞者手拉手，边唱边跳，气氛十分热烈。每当拉木鼓、盖房子等盛大节庆时，全寨男女身着盛装，夜以继日地舞蹈联欢，一连数日才结束。“敲木鼓舞”是广泛流传在佤族村寨中最古老、最有代表性的舞蹈之一。当佤族工匠把木鼓制作好后，试敲满意了，就把它抬入木鼓房上架，接着大家就迫不及待地挥槌敲打、狂欢起舞。另外，“欢乐舞”也是佤族村寨的一种集体舞蹈，以热情、洒脱及步伐上的动作多变为主要特征，男女老少幼均可参加，青年人尤为喜爱。

佤族人只要一听到木鼓声，就会禁不住起舞，男子强悍勇猛，姑娘热情奔放。佤族民间舞蹈植根于阿佤人民辛勤劳动和生活之中，世代相传、经久不衰，不仅陶冶着佤族人的身心，也丰富着他们的生活，显示出永久的魅力。

大山里的毕兹卡：土家族

◎ 欢欢喜喜办丧事
◎ 哭哭啼啼结良缘
◎ 历史悠久的傩戏

土家族自称“毕兹卡”，意为“土生土长的人”，主要聚居在湖南湘西土家族苗族自治州、湖北恩施土家族苗族自治州等地。此外，四川省的石柱、秀山、酉阳、黔江、彭水等县也有分布。现有人口802万。

↑ 湖北土家族吊脚楼群

土家族主要从事农业生产，在经济、文化的发展上受汉族影响较多，但在丧葬习俗、婚姻习俗及艺术方面也保留有自己的特点。

土家人的丧葬习俗最为与众不同，“热热闹闹陪亡人，欢欢喜喜办丧事”，这是土家人延续千年的习惯。“居丧之时，击鼓歌舞”，描述的就是土家族古老的丧葬仪式歌舞。土家族老人去世，被认为是升天，叫“白喜事”，因此，不论死者是男是女，也不论死者名望高低，乡邻都要为死者打一夜丧鼓，以此怀念故人、安慰生者。在灵堂之上所跳的舞蹈被称为“萨尔嗬”，是土家族特有的跳丧舞蹈，在土家山寨流传了数千年之久，风格雄壮威猛，充分体现了土家汉子雄浑刚劲、粗犷豪放的个性。

“萨尔嗬”以鼓为伴奏，一人掌鼓，二人或四人对舞于灵柩之前。掌鼓者通过鼓心、鼓边、鼓沿击出多种富于变化的鼓点，边击鼓边领歌，舞蹈者则和歌而舞，随着击鼓者的指挥，不时改变舞姿和节奏。歌词的内容很丰富，涉及历史、人物、风物季节、伦理道德、爱情、儿歌以及对死者生平的歌

跳丧是土家族特有的丧葬活动

颂等方面。舞姿粗犷刚健，和谐自然；歌声高亢优雅，感情逼真。歌舞者神情专注，围观者情绪热烈，随鼓声节拍而击掌，随领唱而和唱。

土家族世代生活在崇山峻岭的山区，长期越涧过水、攀岩背负的生活习惯和劳动方式，形成了“萨尔嗬”独特的表现风格。舞蹈动作十分对称，动作姿态一般都是哈腰、曲膝、八字步、摆胯、绕手，身体按节奏上下或左右颤动，手、脚、胯朝同一方向呈顺边运动。激越时似山风呼啸，舒缓时如轻舟荡漾，有张有弛，古老质朴。在土家族民间世代相袭，盛传不衰，浸透着土家人的聪明才智和深厚的民族感情。

与“跳丧”同样有特点的是“哭嫁”，它是土家姑娘出嫁前所唱的歌谣，主要是抒发离父母、别亲人的哀伤之情。新娘一般在出嫁前一个月开始哭嫁，到出嫁的前一夜，哭嫁

德江土家族中流传甚广的一种人神对话的傩堂

色彩绚丽、工艺精巧的
织锦——“西兰卡普”

编织西兰卡普是土家
族姑娘必备的本领

最古老的土家族舞蹈《毛古斯》

歌达到高潮，新娘家要选九名姑娘，同新娘一起十人共同哭唱，称为“哭十姊妹”。十姊妹歌，婉转动听，催人泪下，内容众多。有别父母的，如“油菜开花遍地黄，怎么舍得我爹娘……青布裙来白围腰，背过几多山和坳，布裙从长背到短，这山背到那山转。又怕女儿吃不饱，又怕女儿受风寒……”；有别哥嫂的，如“妹和哥嫂要别离，哥嫂恩情报不了，燕子飞过九重岩，今天去了哪天来？燕子飞过九重坡，哪天看到嫂和哥？”；还有骂媒人的，如“板栗开花吊线线，背时媒人想挂面；板栗开花结球球，背时媒人想猪头……鞋子里白外面青，媒人穿了烂脚筋。娘家又夸女婿好，婆家又夸嫁妆多；树上鸟儿骗得来，岩坎猴儿骗得走；骗得我爹点了头，骗得我妈开了口”。这种“泪随声下”的十姊妹歌感人至深，具有浓郁的土家人的文化特色。

土家族的傩戏，可以说是“中国戏剧的活化石”。傩戏本身就是一种从原始傩祭活动中蜕变出来的戏剧形式。在土家村寨，傩戏随处可见。土家人崇拜祖先和鬼神，傩文化保存较为完好，土家人把驱鬼逐疫的仪式称“傩”，并由此产生了祀神娱鬼的傩戏傩舞。传统的土家傩戏的传承，主要是口耳相授，家传与师传相结合，一般要拜师才传法，而“绝法”不传一般弟子。“傩”以“坛”为单位，每“坛”即为一个傩戏班。每个傩戏班有6至12名傩戏老师，有一至两名掌坛师，也叫坛主，其余为师兄弟或徒弟。掌坛师一般都有较好的表演才能和惊人的记忆力。傩事活动进行的时间，一般在秋收后到次年春耕前。

傩戏的演出形式很有特点，表演者大多戴面具，可以说土家人的傩面具是戴在脸上的历史。早期的傩戏是靠面具来区分角色行当。面具又称“脸子”或“脸壳子”，多为木质，近年亦多丝质，所绘花纹及色彩，各地大同小异。不同角色的面具造型不同，较为直观地表现出角色性格。另外，傩戏的演出形式与其他戏曲不同，它是与宗教活动融为一体的。傩戏的演出一般分为三个阶段，即开坛、开洞、闭坛。开坛和闭坛是迎神送神的法事，打开洞门后就演出傩戏剧目。迷信的乡人遇上病痛、灾难，以为是鬼神作祟，便请求神灵庇护，并许下傩愿。一旦到了还愿的时候，还要备好香纸、法器和祭献的用品。

人口最多的少数民族：壮族

◎ 三月初三赶“歌圩”
◎ 壮锦织出山水情
◎ 干栏式民居显特色

壮族是中国少数民族中人口最多的一个民族，有1617万多人，主要聚居在广西壮族自治区，云南、广东、贵州等省也有分布。

广阔的壮乡素有“歌海”的美誉，壮族人几乎个个能唱，每

漓江风光

逢节日或重大节庆活动都要以唱山歌的方式来互相交流和传达感情，每年还要定期举行唱山歌会——“歌圩”。大的歌圩有数万人参加，小的则有几千人或几百人。歌圩分为“日歌圩”和“夜歌圩”两种。在不同的场合传唱山歌要遵守约定俗成的礼仪规范。日歌圩在青山绿水间举行，以青年人“倚歌择配”为主要内容；夜歌圩在村寨里举行，主要吟唱传授生产、生活知识和技能的生产歌、季节歌和历史歌等。

歌圩通常在春季和秋季举行，尤以农历三月初三的歌圩最为隆重。按照壮族人过去的习俗，“三月三”是上坟扫墓的日子，家家户户都带着五色糯米饭、彩蛋等到先祖坟头去祭祀、清扫墓地，并由家族中德高望重的长者为后辈儿孙讲述家史、族规等，接下来共进野餐，之后就是对唱山歌等娱乐活动。随着时间的推移，这一传统逐步发展成为有组织的“歌圩”，更为隆重和热烈。

壮族姑娘能歌善舞

每年的“三月三”歌圩来临前，壮乡人就开始忙碌起来。家家户户要备好五色糯米饭和彩蛋，姑娘们还要赶制绣球。到了歌圩日当天，各个村寨去赶歌圩的男女老少纷纷盛装打扮，云集一方。通常他们先要去祭祀壮族的“歌仙”刘三姐，祈求她赐予自己歌唱的才能。因为在壮族人心目中，“歌仙”刘三姐是真善美、爱情、智慧和才能的化身。敬过刘三姐后，各路歌手即争相亮开歌喉“对唱”，歌声此起彼伏，以歌会友、以歌定情。

事实上，壮族青年男女都将每年的“三月三”看作是他们的“情人节”，因此英姿勃勃的壮族小伙子与苗条妩

壮族妇女使用古老的纺织技术和工具来织布

媚的壮族姑娘们相聚，互唱情歌，同时审度对方的人品、才华和相貌。当一对青年开始对唱山歌的时候，各自的朋友们围在身旁助阵，场景甚为热闹。即使唱到日落，有余兴者还可尾随姑娘找到幽静处继续对歌。经

“抛绣球”是壮族青年在“歌圩”上表达爱意的独特方式

干栏式民居

过对唱，如果姑娘觉得小伙子的人才和歌才都合自己的心意，就会将自己精心编制、充满爱意的绣球抛给对方。

歌圩期间还有壮戏演出以及各种热闹非凡的小买卖，而最丰硕的成果就是造就了双双对对的美好姻缘。

壮族女性心灵手巧，中国四大名锦之一的壮锦就是出自她们的巧手。壮锦是壮族民间流传下来的一种独特的纺织手工艺，是用五光十色的丝绒为纬、原色细纱为经，精工织制而成的，已有1000多年的历史。壮锦图案精巧、色彩绚丽，用它制成的服装、被面、手提包等深受欢迎。

壮族喜欢依山傍水而居，在青山绿水之间，点缀着一栋栋干栏式木楼，这就是壮族人的传统民居。这种造型奇特的民居建筑形式，主要分布在中国南方炎热潮湿的地区。干栏式民居立栏杆为桩，在离地面1米高的位置上铺设木板为居室地面，然后架屋其上，供人居住。下面是用来关牲畜或放置杂物的。这种建筑形式非常适于潮湿多雨的自然环境，可以说是壮族先民因地制宜的一种发明创造。

天涯海角的眺望：黎族

◎ 濒临消亡的黎族文身
◎ 舞出海岛风情

黎族是中国岭南的少数民族，主要聚居在海南省中南部，人口为124万。

黎族在海南岛上居住的历史已有3000年以上，我们至今仍能在少数黎族老年妇女身上见到一种极为罕见的古老文化遗存——文身。她们的脸、胸、手和腿上还保留着较完整的图案纹样，这些文身被称作是“刻在人体上的敦煌壁画”。

按照黎族的传统习俗，文身是黎族妇女结束少女生活、步入成年必须完成的一个程序。黎族女性一般在十几岁就择吉日文身，通常是请有经验的老年妇女来主持。现场除了受刺者的母亲外，还要邀

身着传统服装的黎族妇女在晾晒稻谷

请一二名中年妇女来协助。刺纹的工具很简单，一根红藤针（刺）、一根拍打棒、一小碗墨汁或青色染料即可。

对于黎族文身的起因，民间有各种不同的说法。其中有一种较为普遍的说法是，文身是祖先传下的规矩，如果妇女在世时不文身，死后祖先不认她，就会变成无家可归的野鬼。

由于地区和氏族不同，黎族妇女文身的纹样、部位也不同。有的刺纹部位遍及脸、颈、上身、手臂和腰部；有的只在脸、颈、手背和小腿上刺简单的纹样。黎族虽然没有文字，但文身图案记录了黎族远古的历史和文化信息。黎族文身应当是古代黎族标明氏族成员身份的一种图腾，祖先遗传的文身图案，成为黎族不同氏族、部落的标志。3000多年来，黎族世代传承着族群固有的标志。受现代生活方式和审美观念的影响，黎族妇女文身的古老习俗逐渐消失，而现存的文身是极其珍贵的文化遗产。

除去文身外，黎族文化中最有代表性的还有他们的舞蹈。黎族人在结婚、盖新房、欢庆佳节或农闲娱乐时，都要成群结队地跳起民间舞，其中最著名的要数招福舞。招福舞亦称

↖海南岛黎族原始村寨

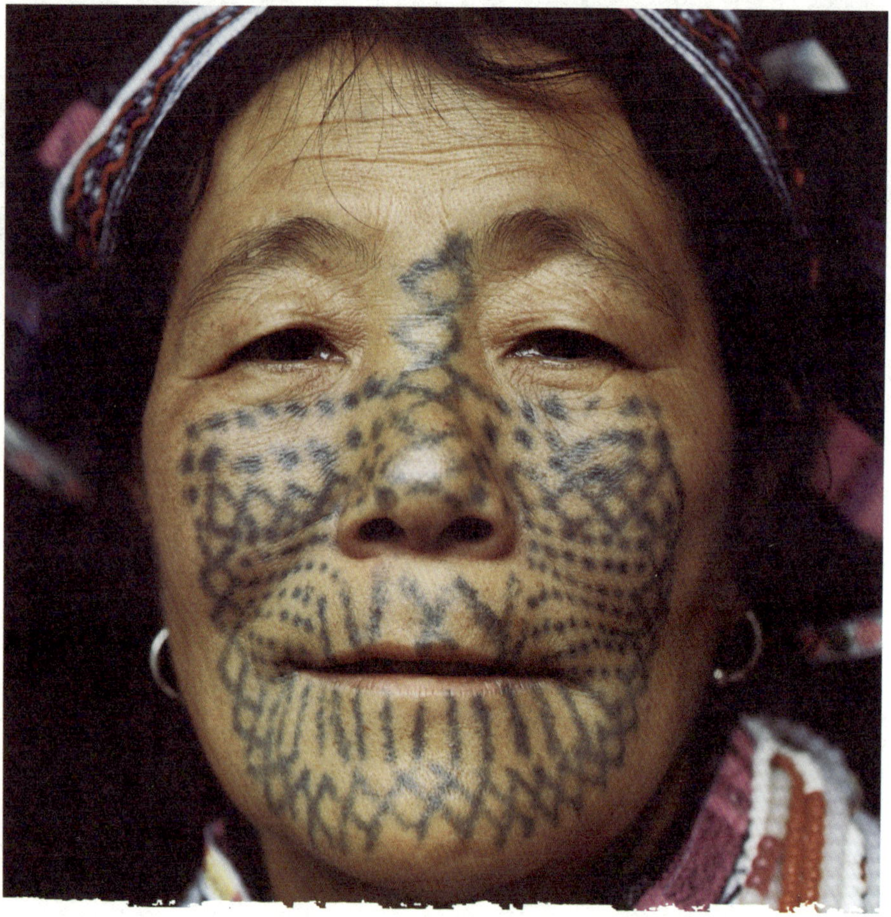

黎族文身具有悠久的历史，不同支系有不同的纹样。现在只有一些上了年纪的老人还保留着文身。

“招魂舞”，流行于海南省五指山市通什镇和毛阳镇地区。每年农历的三月、七月和十月属牛日跳。据说黎族先人认为，世间万物都存在着吉凶之分。牛日是吉日，三月跳招福舞，能招来养牛的“福气”，使牛群不断繁殖；七月跳招福舞，能招来“稻魂”，使禾苗茁壮成长、五谷丰登；十月跳招福舞，能招来众人“福气”，使大小成员平安。跳竹竿也是黎族人喜闻乐见的一项传统舞蹈，有着浓郁的乡土气息。每当重大节日或新谷登场，人们都要跳竹竿，往往通宵达旦。敲竹竿的人蹲在地

黎族青年跳起欢快的竹竿舞

古老的黎族织锦工艺

上手拿竹竿敲打出变化的节奏，跳舞的人在交错的竹竿上面随节奏进退跳跃，场面激烈有趣，现在已经成为海南岛最富特色的舞蹈表演，吸引着外地游人们参加。

阿里山的呼唤：高山族

◎ 五光十色的服饰
◎ 酣畅淋漓的甩发舞
◎ 情真意切的连杯酒

高山族是中国台湾省原住少数民族的统称，由于居住地区和语言的不同，高山族包括阿美人、泰雅人、布农人、鲁凯人和雅美人等不同的支系，主要居住在中国台湾岛的东部地区和中国东部沿海附近的岛屿上，大陆也有少数高山族同胞，散居在福建等地。高山族现在大陆的有 0.4 万人。

台湾高山族雅美人的房舍

高山族鲁凯人的精美服饰

台湾高山族贯头麻布贝珠衣，中央民族大学博物馆藏品。

高山族文化中最具有代表性的是他们的服饰。古代高山族长期保持裸形跣足之习，以裸为美。平时女性多以幅布遮羞或结草为裙，男子以兽皮围腰。除盛行黥面、文身等体表装饰外，男子以羽毛为冠，女子以花卉为衣，以珠贝、珞珠垂悬点缀为美。

最代表高山族缝纫技艺的服饰是贝珠衣，又称“贝衣”。这种衣服是用贝雕琢成小圆形孔的珠粒，用麻线穿起来，按横线排列缝在衣服上，一件珠衣大约需五六万颗贝珠。制作一件贝衣非常复杂困难，要花很长时间和很大精力来完成。因此，它是权力和财富的象征，过去一般用作高山族酋长或族长的礼服。目前在中国大陆，仅中央民族大学民族博物馆和厦门大学人类学博物馆有收藏。

高山族妇女会染织各种彩色麻布，喜欢在衣襟、衣袖、头巾、围裙上面加上纤巧精美的刺绣，还喜欢用贝壳、兽骨等磨制各种装饰品。山地高山族服装，在保持传统风格的基础上，进一步精工剪裁，利用黑、白、红、黄、绿等色彩搭配，织绣、夹织、贴饰、缀珠美化，各种饰物衬托，趋于绚丽多彩。现在，在台湾山地高山族中，本民族的服装一般作为节日服装穿戴，平日仍旧以汉装、西装为常服。

除了服饰外，高山族源远流长的歌舞，无论是反映捕

身着盛装、载歌载舞的高山族同胞

鱼、狩猎、砍柴、除草、丰年，还是思春、新婚，或者颂祖祭灵等，都表现出浓厚的民族风格与特色。现代高山族舞蹈大体分为祭舞、酒舞与模拟舞三种类型，都是集体性舞蹈。

祭舞以部落、祭团为单位，在会所或旷地表演，规模从数十人到几百人不等，以声势取胜；酒舞限于庭院，若干人参加，属即兴表演，感情色彩突出；模拟舞也是群体性表演艺术，规模壮观，生活气息浓厚。高山族的舞蹈极少乐器伴奏，多数场合以一种打击乐表示起止，用呐喊协调节奏，鸣金为号，团旋进退，且歌且舞，加上爆发性的顿足、呐喊，将舞蹈推向高潮，挥洒着酣畅淋漓的自然美感。“甩发舞”是居住在兰屿岛的高山族雅美人的女子舞蹈，具有浓郁的海洋色彩。过去，雅美女性有白天不跳舞的习俗，此舞多在月夜进行。雅美人生活在名为兰屿的海岛上，暖湿的海洋气候和充足的阳光照射使得雅美少女们体质健美，都有一头乌黑的秀发，并喜欢赤足走路。明亮的月夜，她们来到宁静的海边，聚集在铺满卵石的海滩上跳“甩发舞”。舞者人数不限。开始时，她们先站成横排散开长发，轻摇身体歌唱，双脚下卵石滑动的美妙之声和歌声交织在一起，充满诗意；她们互相紧挽双臂，俯身将长发甩至前面，边歌边进，直至发梢触及地面后，随即微屈双膝，用力仰头将头发甩起，使它与身体有瞬间的垂直，再甩至身后披散开来，如是地甩发歌舞，直至尽兴。海岛的生活是比较艰苦的，但歌舞给她们带来愉悦与慰藉，古拙而热情的“甩发

盛大的“丰年祭”

舞”，是显示她们青春活力的一种方式，甩起的长发犹如她们生命的火焰。

高山族除雅美人外均嗜好饮酒。他们凡遇婚礼、生育、建屋、喜庆节日以及农耕、渔猎和祭祀，一般都要聚饮狂欢。每年八月份月圆的一天举行“丰年祭”，人们带来美酒佳肴和饭团，边豪饮大嚼，边听歌观舞。传统酒器以瓢、竹筒、木勺、木杯、陶坛、陶杯最为普遍。排湾人擅长木雕，其木雕连杯极富特色，分双连杯和三连杯两种，可供二人或三人同时饮用。连杯多为八角形、方形，杯两端有柄，柄部及杯间的连接处多浮刻人、蛇、鹿、几何等纹饰，工艺精致，美观大方。双连杯使用较多，现在待客、结婚等喜庆欢宴均有使用。饮用时两人并肩站立，一人左手持柄，一人右手持柄，举杯同饮。饮用连杯酒，是高山族排湾人表达友情、增进团结与和睦的重要方式之一。排湾人不仅新婚夫妇要喝“连杯酒”（也叫连欢酒），亲朋好友也要共饮“连杯酒”。同时举杯同时饮，否则酒就会洒掉，极有象征意义，既表示必须平等（端平），又表示必须同甘共苦（不论生活的酒是甜是苦，我们都得同干）。